APPROCHES DE LA LINGUISTIQUE

프랑스어학의 이해

스콧-부르제 지음 · 허진 옮김

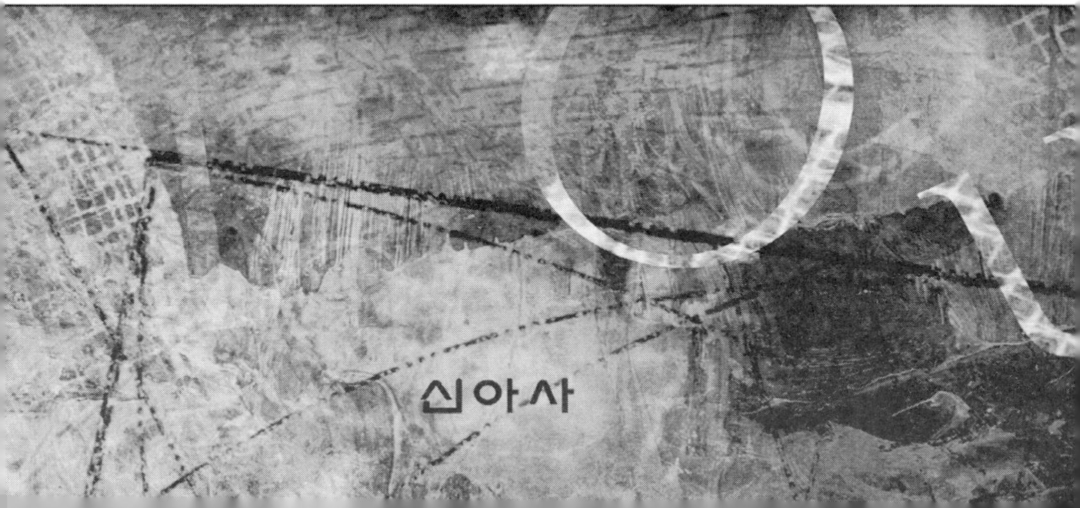

신아사

APPROCHES DE LA LINGUISTIQUE
ouvrage publié sous la direction de Claude Thomasset

écrit par Véronique SCHOTT-BOURGET
et traduit en coréen par Jine HUR

차례

머리말

◎ 언어학의 출현

인간의 언어(langage humain)와 그것의 특수성(spécificité), 그리고 현실과의 관계에 대한 성찰은 최근의 일이 아니라, 이미 고대그리스의 플라톤(Platon)도 관심을 가졌던 것이다. 그러나 하나의 완전한 학문으로서의 언어학의 출현은 19세기의 일이며, '언어학'(linguistique)이라는 용어가 처음 쓰인 것은 1826년[1])이라고 한다.

그 후 언어학의 발전에 크게 이바지한 인물이 나타나는데, 그의 이름은 페르디낭 드 소쉬르(Ferdinand de Saussure, 1857-1913)이다. 그의 저서 『일반언어학 강의』(*Cours de linguistique générale*)가 1915년에 출간되었는데, 이 책은 현대 언어학의 발전에 결정적인 역할을 했다. 그는 언어학을 '언어 그 자체 내에서 그리고 언어 그 자체를 위해서 고찰되는 언어'(la langue envisagée en elle-même et pour elle-même)를 대상으로 하는 하나의 학문으로 규정하고, 언어(langue)가 기호들(signes)과 규칙들(règles)로 구성된 하나의 체계(système)라고 하였다. 언어학자(linguiste)의 임무는 이러한 것들의 기능을 설명하는 데 있다.

◎ 언어학의 확장가능 분야

언어학을 인문과학에 속하는 하나의 학문으로 취급하는 데는 모두

역주1) 프랑스에서는 아드리앵 발비(Adrien Balbi)의 저서 *L'Introduction à l'Atlas ethnographique du Globe*(『지구상의 민족지도해 입문』, 1826)에서 처음으로 'linguistique'라는 용어가 사용되었다.

가 동의하지만, 언어학자에 따라서 그 경계는 다양하다. 그래서 언어학과 기호학(기호연구)의 관계에 대한 부질없는 논쟁도 있었다. 예를 들어, 소쉬르는 기호학이 언어학을 포함한다는 입장이었고, 롤랑 바르트(Roland Barthes)는 소쉬르의 견해와 반대의 주장을 내세웠다.

또 다른 언어학자들은 언어학과 기호학 간에는 그 어떠한 포함관계(rapport d'inclusion)도 성립될 수 없다고 보되, 기호학이란 언어기호 이외의 다른 기호들의 체계에 대하여 연구하는 학문이라고 규정지었다. 이러한 불일치로 말미암아 '기호학'(sémiologie)이라는 술어에 대하여 여러 가지로 정의하게 되었지만, 언어학의 대상이 무엇인가에 대해서는 근본적으로 검토하지 못하고 말았다.

한편, 언어학의 영역이 어디까지인가에 관한 언어학자들의 견해 차이도 있다. '언어 그 자체 내에서 또한 언어 그 자체를 위해서 고찰되는 언어'(la langue envisagée en elle-même et pour elle-même)를 연구하는 학문이라고 규정한 소쉬르의 언어학에 대한 정의는 의사소통에 관한 몇 가지 부문, 즉 특정한 상황 속에서 발화된 문장(=발화내용 énoncé)에 관한 분야, 발화하는 행위 자체(=발화행위 énonciation)에 관한 분야, 이러한 문장을 발화하는 사람(=발화자 énonciateur)에 관한 분야 등에 대해서는 다루고 있지 않다.

이러한 변수에 대한 연구가 언어학 분야의 지평을 크게 넓혔으며, 따라서 심리언어학, 사회언어학, 특히 여러 가지 상황에 따른 언어에 관하여 연구하는 화용론 등의 분야가 생기기도 하였다.

언어학의 영역에 관한 견해 차이가 생기는 것도 다름 아닌 바로 특정한 상황 속에서의 문장 연구에서 비롯된다. 어떤 언어학자들은 화용론을 언어학에 속하는 연구 분야라고 여기지만, 또 다른 언어학자들은 화용론에는 공리화하기에 곤란한 언어외적인(extra-linguistiques) 변수들이 개입되기 때문에 언어학의 소관이 아니라고 본다.

> ❦ Il y a les fausses querelles, comme celle concernant le lien entre la linguistique et la sémiologie (étude des signes) : pour Ferdinand de Saussure, par exemple, la sémiologie englobe la linguistique ; pour Roland Barthes, c'est l'inverse ; et pour d'autres encore, aucun rapport d'inclusion n'existe entre ces deux disciplines, la sémiologie étant alors considérée comme l'étude des systèmes de signes autres que linguistiques. Qu'importe ce désaccord, puisqu'il n'est causé que par des définitions différentes du terme *sémiologie* et qu'il ne remet pas foncièrement en question l'objet de la linguistique.
>
> [⋯] La définition saussurienne de la linguistique, étude de *la langue envisagée en elle-même et pour elle-même* ne s'occupe pas de certaines composantes de la communication : la phrase prononcée dans une situation particulière (= l'énoncé), l'acte même d'énoncer (= l'énonciation) ou encore celui qui énonce cette phrase (= l'énonciateur). La prise en compte de ces paramètres a considérablement agrandi l'horizon de la linguistique, comme en témoigne l'existence de disciplines telles que la psycholinguistique, la sociolinguistique et surtout la pragmatique, étude de la langue en situation.

◎ 본서의 유용성

이 책의 목적은 광의적이든 협의적이든 어느 하나에 치우치지 않고서, 언어학에서 다루는 모든 것에 관심을 가지며, 언어학에서 다루어진 여러 가지 연구들을 고찰하는 데에 있다.

이 책은 우선 어문계열 전공생에게 유익할 것이다. 그 이유는 언어학에 대한 지식이 문법(grammaire 언어의 형태론과 통어론)이나 문체론(stylistique 작가의 문체 또는 작품 일부분의 문체에 대한 연구)을 이해하는 데 도움을 주며, 또한 문학 텍스트를 언어학적 방법으로 접근한 저작물이 점차 늘어나고 있는 추세 속에서 문학을 이해하는 데에도 도움이 되기 때문이다. 또한, 심리학이나 사회학에서도 넓은 의미의 언어학을 이용하고 있으므로 인문사회과학을 전공하는 사람들도 이 책이 유용할 것이다.

끝으로, 이 책은 언어의 작용과 대화할 때 행해지는 언어의 관례적 사용에 관심이 있는 모든 독자들에게 새로운 발견과 즐거움을 가져다 줄 수 있을 것이다. 낱말 속에 담긴 놀라운 삶에 대한 발견과, 언어와 자아 그리고 타인과 우리들의 관계 등을 탐구하는 데서 오는 즐거움, 우리에게는 친숙하기도 하지만 한편으로는 아주 낯설게 느껴지기도 하는 낱말들과 가까워지는 데서 오는 기쁨을 맛볼 수 있을 것이다.

I. 음소에서 단어까지

1. 음소

1.1. 음소와 자소

1.1.1. 이중분절

앙드레 마르티네(André Martinet)에 의하면, 인간의 언어가 동물의 언어와 구분되는 것은 인간 언어의 이중분절(**double articulation**)에 있다고 한다.

표기적(**graphique**) 관점에서 보면 "Le chat mange"(고양이가 밥을 먹는다)라는 문장은 3가지 단어로 구성되어 있는데, 이 단어들은 잘 결합되어 하나의 문장을 이루고 있다. 이 때, 단어 자체도 자소(**graphèmes**)라고 불리는 글자들(lettres)로 이루어져 있다. 즉, "chat"(고양이)라는 단어는 4개의 자소로 구성되어 있다.

음성적(**phonique**) 차원에서 본다면, 구두로 발화된 위의 문장은 역시 세 단어로 되어 있으나, 글로 나타냈을 때 보이던 단어 간의 간격은 말로만 할 때는 다만 이 단어들을 구별해낼 줄 아는 사람에게만 인지가능하게 된다. 발화내용(énoncé)은 입말에서 상관적으로 조음된 일련의 음소들(**phonèmes**)로 표출된다.

그러므로 단어들의 연속(succession)은 1차 분절(**première articulation**)이며, 입말에서의 '음소' 또는 글말에서의 '자소'의 연속은 2차 분절(**seconde articulation**)이다.

Selon le linguiste Andre Martinet, ce qui distingue le langage humain du langage animal est sa **double articulation**.

Prenons pour exemple la phrase suivante : *Le chat mange*. D'un point de vue **graphique,** cette phrase est constituée de trois mots qui se combinent ensemble pour former une phrase. Ces mots eux-mêmes sont constitués de lettres qu'on appelle **graphémes** (*chat* comporte quatre graphèmes) qui se combinent également pour former des mots.

D'un point de vue **phonique**, cette même phrase énoncée oralement comporte également trois mots mais la séparation entre ces trois mots, perceptible à l'écrit par quiconque, ne l'est à l'oral que de ceux qui savent l'existence de ces mots en tant qu'unités distinctes à l'écrit. L'énoncé se présente oralement comme une suite de **phonèmes** articulés entre eux.

La succession des mots est la **première articulation**, la succession des phonèmes (ou graphèmes à l'écrit) est la **seconde articulation**.

◎ 현대 프랑스어의 음소표[1)]

모음 (voyelles)

[i]	**il**, v**i**e, l**y**re
[e]	bl**é**, jou**er**
[ɛ]	l**ai**t, jou**et**, m**e**rci
[a]	pl**a**t, p**a**tte
[ɑ]	b**a**s, p**â**te
[ɔ]	m**o**rt, d**o**nner
[o]	m**o**t, d**ô**me, **eau**, g**au**che
[u]	gen**ou**, r**ou**e

자음 (consonnes)

[p]	**p**ère, sou**p**e
[t]	**t**erre, vi**t**e
[k]	**c**ou, **qu**i, sa**c**, **k**épi
[b]	**b**on, ro**b**e
[d]	**d**ans, ai**d**e
[g]	**g**are, ba**gu**e
[f]	**f**eu, neu**f**, **ph**oto
[s]	**s**ale, **c**elui, **ç**a, de**ss**ous, ta**ss**e, na**t**ion

원주1) *Petit Robert* 1, 1990, p.21에서 인용.

[y]	r**ue**, vêt**u**
[ø]	p**eu**, d**eu**x
[œ]	p**eu**r, m**eu**ble
[ə]	l**e**, pr**e**mier
[ɛ̃]	mat**in**, pl**ein**
[ɑ̃]	s**an**s, v**en**t
[ɔ̃]	b**on**, **om**bre
[œ̃]	l**un**di, br**un**

[ʃ]	**ch**at, ta**ch**e
[v]	**v**ous, rê**v**e
[z]	**z**éro, mai**s**on, ro**s**e
[ʒ]	**j**e, **g**ilet, **ge**ôle
[l]	**l**ent, so**l**
[ʀ]	**r**ue, veni**r**
[m]	**m**ain, fe**mm**e
[n]	**n**ous, to**nn**e, a**n**imal
[ɲ]	a**gn**eau, vi**gn**e

◎ 반자음(semi-consonnes)[2]

[j]	**y**eux, pa**ill**e, p**i**ed
[w]	**ou**i, n**ou**er
[ɥ]	h**u**ile, l**u**i

자소와 음소를 대조해보면, 한 음소가 한 자소와만 대응하는 것이 아니며, 그 역도 마찬가지임을 알 수 있다.

음소 [ɛ̃]은 "pin"(소나무)의 'in', "teint"(안색)의 'ein', "bain"(목욕)의 'ain' 등의 자소와 대응하기도 하며, [ks]라는 두 음소가 "axe"(축)에서 하나의 자소 'x'와 대응하며, 한편 자소 'x'가 "exact"(정확하다)에서 두 음소 [gz]로 발음되며, "maux"(고통)에서 자소 'x'는 그 대응 음소가 없음을 볼 수 있다.

도표로 나타내면 아래와 같다.

역주2) 반자음(semi-consonnes) 또는 반모음(semi-voyelles)이라고도 한다.

<table>
<tr><th>음 소</th><th>자 소</th></tr>
<tr><td>[ɛ̃] (pin, teint, bain)</td><td>in, ein, ain</td></tr>
<tr><td>[ks] (axe)</td><td rowspan="3">x</td></tr>
<tr><td>[gz] (exact)</td></tr>
<tr><td>ø (maux)</td></tr>
</table>

또한 [ʃ]라는 한 음소가 단어 “chat”(고양이)처럼 두 자소 **‘ch’**에 대하여 발음되는 것을 볼 수 있다. 이와 같이 두 자소가 결합되어 한 음소로 나타나는 경우를 이중자(**digramme**)라고 부른다. 이러한 이중자로 인하여 한 문장에는 대체로 자소가 음소보다 더 많이 있다.

보기 “Le chat mange (고양이가 밥을 먹는다)”에는 11개의 자소와 7개의 음소([lə ʃamɑ̃ʒ])가 있다.

1.1.2. 음소와 변별자질

소쉬르에 있어서, 음소란 더 이상 나눌 수 없는 언연쇄상의 최소단위이다. 이는 연합축(**axe paradigmatique** 대체의 세로축)에서만 대체가 가능하다.

보기 프랑스어에서 “niche”(장난)의 음소 [n]는 다른 음소 [b], [r], [f]와 대체되어 다른 단어들을 만들게 된다. 즉, “niche”(장난), “biche”(암사슴), “riche”(부유하다), “fiche”(분류표) 등의 단어가 된다.

axe paradigmatique ↓			
	n	[iʃ]	niche
	b		biche
	R		riche
	f		fiche

언어학자 로만 야콥슨(Roman Jakobson)은 음소도 여러 가지 변별자질(traits distinctifs)로 구분될 뿐만 아니라, 통합축(**axe syntagmatique** 결합의 가로축)에서 변경 가능하므로 2차원적(bimensionnel)이라고 하였다. 그러므로 어떤 음소는 음소끼리의 결합과정에서 자신의 고유한 변별자질 중의 하나를 잃기도 한다.

보기 "médecin"(의사)의 본래 음소 [d]가 음소 [s]와의 접촉으로 인하여 음소 [t]로 발음된다 : [metsɛ̃].

Pour saussure, le phonème était l'unité minimale, donc insécable, de la chaîne parlée. Il était modifiable uniquement sur l'**axe paradigmatique** (axe vertical des substitutions). Par exemple, on peut substituer au phonème [n] de *niche*, les phonèmes [b], [ʀ] ou encore [f] et obtenir ainsi d'autres mots.

Le linguiste Roman Jakobson a montré que non seulement le phonème était encore sécable en différents traits distinctifs, mais aussi qu'il était bidimensionnel car il était également susceptible de modifications sur l'**axe syntagmatique** (axe horizontal des combinaisons) : certains phonèmes peuvent perdre un de leurs traits distinctifs à cause des combinaisons de phonèmes. Par exemple, le phonème [d] dans *médecin* a tendance à devenir un [t] au contact phonique du [s]: [metsɛ̃].

◎ 프랑스어 자음의 변별자질

다양한 변별자질들(traits distinctifs)을 이해하고 기억하기 위한 가장 바람직한 방법은 각 음소를 조음할 때 거울을 통해 자신의 입을 관찰하는 것이다.

1) **비자음**(consonnes nasales) / **구강자음**(consonnes orales)

인후(arrière-bouche)와 비강이 상통하여 자음이 비강(cavité nasale)의 공명음(résonance)을 포함하게 되면 비음이 된다. **보기** [m].

반면, 비강과 인후가 상통하지 않아서 공명되지 못할 때는 구강자음이 된다. **보기** [p].

2) **유성자음**(consonnes sonores) / **무성자음**(consonnes sourdes)

자음을 발성할 때 후두(larynx)에 진동(vibrations)이 동반되면 유성자음이 된다. **보기** [d]. 반면, 후두에 진동이 일어나지 않는 경우는 무성자음이 된다. **보기** [t].

목젖(gorge)에 손을 대어 보면, 자음이 유성일 때는 성대(cordes vocales)가 떨리는 것을 통해서, 이러한 유/무성의 차이를 잘 파악하고 이해할 수 있다.

3) **폐쇄음**(consonnes occlusives)/ **협착음**(consonnes constrictives)

자음을 발성할 때, 구강의 공기통로(canal buccal)가 닫혔다가 갑자기 열리게 되면 폐쇄음이 된다. **보기** [b].

폐쇄(fermeture) 대신에 협착(constriction ou resserrement)이 일어나면 자음은 협착음이 된다. **보기** [f].

4) **전음**(consonnes d'avant) / **후음**(consonnes d'arrière)

전음(前音)이란 폐쇄이든지 협착이든지 자음의 조음점(lieu d'articulation)이 구강 앞 쪽인 경우의 자음소를 말한다. **보기** 입술이 닫히는 순음(labiale) [p]가 있다.

입술 대신 치아의 아래와 위가 협착되면 치음(dentale 협착점 = 치아)이 된다. 보기 [s].

후음(後音)이란 자음의 조음점이 구강 뒤 쪽일 때 나는 자음소를 말하는데, 음소의 폐쇄점이 연구개, 즉 입천장(palais)의 뒤쪽인 경우를 연구개음(vélaire)이라고 한다. 보기 [k].

따라서 어떤 음소는 여러 가지 변별자질을 가질 수 있는데, 자음소 [b]는 구강음, 유성음, 폐쇄음, 양순음이라는 변별자질들을 갖고 있다. 그런데, 자음소 [b]는 이완(relâchement)에 의해 변별자질 중의 하나인 유성(sonorité)을 잃어가는 경향이 있으며, "absent"(부재하다)의 경우처럼 무성음소 [s]와의 접촉으로 인하여 무성음(sourd)이 되는 경향이 있다. 즉, [absɑ̃] 대신에 [apsɑ̃]으로 발성된다.

한편 음소 [b]와 [p]는 3개의 동일한 변별자질(구강음, 양순음, 폐쇄음)을 갖고 있으며, 단 하나의 변별자질, 유성과 무성의 변별자질만이 다르다. 이런 짝을 상관쌍**(paire corrélative)**이라고 부른다. 반면에, 음소 [k]와 [v]는 하나의 공통 변별자질만을 갖는데, 이것만으로는 상관쌍을 이루지 못한다.

음소의 변별자질에 대하여 아는 것은 라틴어에서 프랑스어가 된 어휘들의 음운 변천에 대하여 쉽게 이해하도록 해준다.

보기 프랑스어 동사 "sembler"(~듯하다)는 사실 라틴어 동사 "simulare"에서 유래했는데, 모음소 [u]가 탈락되면서 두 자음소 [m]와 [l]이 맞붙게 되었다. 이때, 이 두 음소는 맞붙여서 조음하기 곤란하게 되었으므로, '비강음'을 제외한 음소 [m]이 지닌 모든 자질을 갖추고 있으며, 아울러 음소 [l]처럼 '구강음' [b]가 전이음(phonème de transition), 이른바 어중음첨가(**épenthétique**) 음소로서 [m] 과 [l] 사이에 삽입된 것이다.

고대 프랑스어에서 '회상하다'라는 뜻을 가진 동사 "remembrer"는 라틴어 "rememorare"에서 온 단어로, "remembrer"라는 동사에도 역시 어중음 첨가음으로 [b]가 삽입된 것이다.[3]) 이 동사는 프랑스어에서는 사라졌고, 영어에서만 "to remember"로 쓰인다.

동사 "venir"(오다)의 미래형 'viendr-'의 음소 [d]의 첨가 현상도 위와 같이 설명된다. 즉, [n]과 [r] 사이에 첨가된 [d]는 [n]과 상관쌍이다. 이 두 음소는 '비강음'인지 '구강음'인지에 의해서만 구별된다.

Un phonème comporte donc plusieurs traits distinctifs. Le [b] est une consonne orale, sonore, occlusive et labiale. Mais ce phonème a tendance, par relâchement, à perdre un de ses traits distinctifs (sa sonorité) et à devenir sourd, au contact du phonème sourd [s] dans un mot comme *absent* : [apsɑ̃].

Les phonèmes [b] et [p] ont trois traits distinctifs en commun et ne diffèrent que par un seul trait distinctif. On dira que [b] et [p] forment une **paire corrélative**. En revanche, [k] et [v] n'ont qu'un trait distinctif commun : ces phonèmes ne forment donc pas une paire corrélative.

Connaître les traits distinctifs d'un phonème permet de mieux saisir l'évolution phonétique de certains mots du latin au français. Prenons comme exemple le verbe latin *simulare* qui a donné le verbe français *sembler*. À la chute du phonème [u], les phonème [m]

역주 4) 모음소 [o]가 탈락되면서 [m]과 [r]가 맞붙게 되자 "sembler"의 경우처럼 [m]의 상관쌍 [b]가 첨가된 것이다.

et [l] se sont trouvés en contact. Or, [m] et [l] sont deux phonèmes d'articulation trop différente. Est ainsi apparu un phonème de transition, dit phonème **épenthétique**, ayant tous les traits distinctifs du [m], hormis sa nasalité, et étant oral comme le [l], à savoir le phonème [b]. En ancien français, existait le verbe *remembrer* signifiant se souvenir, hérité du latin *rememorare* et contenant un [b] épenthétique. Le mot n'a pas survécu mais demeure en anglais : *to remember*.

La présence d'un [d] dans les formes de futur du verbe *venir* s'explique de la même façon : [n] et [d] forment une paire corrélative puisqu'un seul trait distinctif les sépare (nasalité/ oralité).

◎ 프랑스어 모음의 변별자질

1) **비모음**(voyelles nasales) / **구강모음**(voyelles orales)

보기 [ɛ̃]은 비모음이며, [ɛ]은 구강모음이다.

2) **개모음**(voyelles ouvertes) / **협모음**(voyelles fermées)

보기 [i]는 가장 협모음(狹母音)이며, [ɑ]는 가장 개모음(開母音)이다.

3) **원순모음**(voyelles arrondies) / **비원순모음**(voyelles non arrondies)

원순모음이란 발성할 때 입술 모양이 둥글게 되는 것을 말한다.

보기 [o].

4) **경구개모음**(voyelles palatales) / **연구개모음**(voyelles vélaires)

경구개음 (또는 전설모음)이란 입천장의 앞부분에서 조음되는 모음을 가리킨다. 보기 [i].

연구개음(또는 후설모음)이란 입천장의 뒷부분에서 조음되는 모음을 말한다. 보기 [u].

큰 소리로 이 두 음소를 발음해 보고, 그 차이를 확인해보자.

요컨대, [i]는 구강음(voyelle orale)이요, 협음(fermé)이요, 비원순음(non arrondie)이요, 경구개음(palatale)이다.

Une voyelle palatale est une voyelle dont l'articulation se fait dans la partie antérieure du palais (palais dur). Ex..: [i].

Une voyelle vélaire a son articulation dans la partie postérieure du palais (voile du palais). Ex.: [u].

Prononcez à voix haute ces deux phonèmes et vous saisirez leur différence.

Ainsi, [i] est une voyelle orale, fermé, non arrondie et palatale.

1.2. 음성학, 음운론, 음운형태론

1.2.1. 음성학과 음운론

음성학(**phonétique**)은 순수하게 물리적 관점에서 음성(son)의 발성(production)과 지각(perception)에 대하여 연구하는 분야이다. 20세기 초엽에는 단어와 다른 단어를 구분하기 위한 요소(élément)로서 음성에 관심을 가졌었는데, 음성이 기능(fonction)을 가지면 음소(phonème)로 불리게 되며, 이러한 음소에 대한 연구를 음운론(**phonologie**)이라 한다.

보기 "rat"(쥐)의 'r' 발음을 혀를 굴려서 발음하든지 않든지 간에 "rat"

의 의미는 변함없는데, 이는 각 개인에 따라서 'r'가 다르게 발음될 수 있기 때문이다.

이처럼 발화된 말에서 추출한 음성의 목록은 이론적으로는 무한하다. 그러나 언어체계 내에서의 음소들의 수는 한정되어 있다. 바로 이러한 음소들이 체계를 이루고 있으며, 또한 언어학자들의 연구대상이 되는 것이다.

1.2.2. 음운형태론

음운형태론(**morpho[pho]nologie**)[4)]이란 형태론적 기능을 가지고 있는 음소에 대하여 연구하는 분야이다. 이 분야에서는 특히 다음과 같은 것을 연구한다.

◎ 단어의 음소 구조

프랑스어에서 가장 빈번한 구조는 자음소와 모음소의 교체(alternance)이다. 그래서 프랑스어에서는 예컨대 한 모음소의 앞이나 뒤에 2개의 자음소가 있을 때는 3개의 자음이 연잇게 되는 것 –모음에 근접한 [ʀ]와 [l] 은 제외하고– 을 피하여, "lestement"(재빠르게)의 경우처럼 음소 [ə]를 발음한다. 그러나 2개의 자음소가 연이은 것은 허용하기 때문에, "brièvement"(간략하게)의 경우에는 자소 'e'를 발음하지 않는다. 프랑스어와는 달리, 체코어와 같은 다른 언어에서는 3개 이상의 자음소를 연이어 발음한다.

역주5) 원저자의 용어에는 morpho(pho)nologie에 괄호를 삽입하였으나, 번역문에는 이를 생략하기로 한다.

보기 "Staromes**tsk**a" (프라하의 옛 마을 광장명).

◎ 발화내용의 음소 구조

주로, 단어 간의 연음(liaison) 현상에서 가장 빈번히 연음되는 음소는 [z], [t], [k]이다. 연음에는 반드시 해야 하는 경우 (보기 les arbres [lezaʀbʀ])와 임의적인 경우가 있다. 임의적 연음 중에서 가장 관심이 가는 것은 음운론적 효율성(rendement)을 가지는, 의미와 관련된 연음 현상이다.

보기 "savant Anglais"(박식한 영국인)의 경우와 "savant anglais"(영국인 학자)의 경우를 비교해 보자. (여러 언어학자들에 의해서 자주 회자되는 이 보기는 사실 자연스럽지 못할 뿐만 아니라 영어를 풍자하고 있어서 부적합한 예이기도 하다.)

"savant Anglais"[싸벙‿떵글레]는 박식한 영국인을 의미하지만, "savant anglais"[싸벙 / 엉글레]는 직업으로서의 학자를 의미한다. 글말에서는 대문자가 이러한 의미의 차이를 알려주고 있지만, 입말에서는 연음으로 이러한 차이를 구별한다.

전자의 경우, 형용사 "savant"(박식한)과 명사 "Anglais"(영국인) 사이에 연음을 해서 [싸벙‿떵글레][5]로 말하면, "savant" 이 형용사임을 주지시켜서 "savant Anglais" 즉, "박식한 영국인"이라는 의미가 전달되지만, 후자의 경우는 연음하지 않음으로써 "savant"(학자)이 명사임을 주지시켜서 "savant anglais"[싸벙 / 엉글레]라고 하면 "영국인 학자"를 가리키게 된다.

역주6) 기호 '‿'와 '/'은 여기서 연음 여부를 표시해 주기 위해 역자가 임의로 삽입한 것이다.

한편, "Allez-vous écouter"[알레-부 에꾸떼]와 "Allez vous écouter"[알레 부‿제꾸떼]의 의미 차이를 살펴보자. 이 두 발화내용(énoncé)의 의미 차이는 글말에서는 "aller"(가다)동사와 "vous"(당신) 사이에 '‿'으로 분간할 수 있으며, 입말에서는 연음으로 구분한다.

프랑스어의 연음법칙에 의하면, 전자의 경우는 연음을 하는 것이 임의적이지만, 후자의 경우는 반드시 연음해야 한다. 요컨대, "Allez-vous écouter" [알레-부 / 에꾸떼 혹은 알레-부‿제꾸떼](주목!)는 부주의한 학생들에 대하여 화가 난 교사의 표현일 수 있다. 반면, "Allez vous écouter" [알레 부‿제꾸떼](들어 보셔요)는 상대방에게 녹음된 것을 들어보도록 요청할 때 하는 말이다.

◎ 형태론적 기능을 지닌 음소들

어떤 음소들은 형태론적 기능을 가진 것이 있다. 가령, 음소 [k]는 특별히 종속(subordination)과 관련 있음을 볼 수 있는데, 대부분의 종속사들(subordonnants)은 음소 [k]를 가지고 있다. 보기 관계대명사(**qu**i 누가, le**qu**el 무엇…), 의문사(**c**omment 어떻게…), 종속접속사(**qu**and 언제…).

한편, [ʀ] 도 동사의 미래시제(je chante**r**ai 내가 노래할 것이다)와 가정법(je chante**r**ais 내가 노래할 텐데)에서 특별히 나타난다.

음소의 교체(alternance)도 음소체계에서 흔히 효율성(rendement)을 가진다. 보기 [ɔ] 와 [o] 의 두 음소간의 교체가, 남불 지역에서는 이미 중화되었지만, 소유형용사 "notre"(우리들의) 혹은 "votre"(당신들의)와 소유대명사 "le nôtre"(우리들의 것) 혹은 "le vôtre"(당신들의 것)를 구별하도록 해주며, 또 남자 이름 "Paul"과 여자 이름 "Paule"을 구별하게 해준다.

Certains phonèmes ont une fonction morphologique. Par exemple, on constate que [k] est un phonème spécifique de la subordination. La plupart des subordonnants possèdent ce phonème : pronoms relatifs (**qui**, le**qu**el…) mots interrogatifs (**c**omment…) et conjonctions de subordination (**qu**and…). Le [ʀ] est est spécifique du futur catégorique (je chante**r**ai) ou hypothétique (je chante**r**ais).

L'alternance des phonèmes a souvent un rendement dans le système phonique. L'alternance [ɔ] et [o], neutralisée par exemple dans le Midi de la France, permet de différencier l'adjectif possessif *notre* (ou *votre*) du pronom possessif *le nôtre* (ou *le vôtre*), le prénom masculin *Paul* du prénom féminin *Paule*.

2. 언어기호

2.1. 시니피앙, 시니피에, 지시물

2.1.1. 정의

언어기호(**signe linguistique**)란 음성영상(또는 자소영상), 이른바 시니피앙(signifiant)과, 개념(concept)이나 의미내용(contenu sémantique)인 이른바 시니피에(signifié)의 결합이다. 시니피앙(기표) "탁자"라는 단어를 듣거나 읽을 때 이 단어를 통해 우리는 시니피에(기의) «탁자»에 관한 개념, 즉 탁자 다리와 탁자가 있는 어떤 특정한 대상을 떠올리게 된다.

그런데, 언어기호는 사람이나 상황에 따라 바뀔 수 있는 어떤 대상과 관계되는데, 이때 언어기호가 지시하는 대상을 지시물(**référent**)이라고 부른다. 지시물이 반드시 구상물인 것만은 아니고, "켄타우로스"(le centaure)[6]와 같이 상상물일 수도 있다.

'시니피앙/시니피에'와 '지시물' 간의 관계는 자의적(**arbitraire**)이다. 언어들 간의 차이나 시니피앙(기표)들을 각기 다른 음으로 말하는 것을 볼 때 자의적임이 충분히 입증된다.

의성어나 의태어의 경우처럼 음의 구성에 유연성(motivation)이 있다고 하는 것에도 일부 관습적인 면이 없지 않다. **보기** 프랑스어에서는 닭울음소리를 "cocorico"[꼬꼬리꼬]라고 하며, 독일어에서는 "kikeriki" [키케리키]라고 한다. 그래도 자음은 엇비슷하다. 그런데, 영어에서는 "cock-a-doodle-doo"[코커-두들-두]라고 색다르게 표현한다. 따라서 기

역주6) 그리스신화에 나오는 반인반마.

호(signe)는 자의적이긴 하지만, 일단 시니피앙과 시니피에의 짝이 관습적으로 정하지고 나면 이 짝의 관계는 필연적인 것이 된다.

기호의 자의성에 관한 논의는 이미 플라톤의 저서 『크라틸루스』(*Cratyle*)의 주제로서, 이 저서에서 헤르모젠과 크라틸루스는 서로 상반된 견해를 주장했었는데, 전자는 시니피앙(기표)과 시니피에(기의)의 관계가 순전히 관습적(convention)이라고 주장한 반면에, 후자는 유연적인(motivé) 관계라고 주장했다. 시니피앙이 시니피에의 거울인 것은 시의 속성이다. 이에 관한 것은 폴 발레리(Paul Valéry, 1871-1945)와 같은 시인들을 생각하는 것으로 충분하다

Le signe linguistique est l'association d'une image phonique ou graphique appelée **singnifiant** et d'un concept, d'un contenu sémantique appelé **signifié**. Ainsi, quand j'entends ou lis le mot *table* (signifiant), ce mot évoque dans ma tête le concept «table» (signifié), c'est-à-dire un objet avec certaines caractéristiques comme des pieds et un plateau. Mais ce signe linguistique renvoie à une réalité qui, suivant les personnes, les circonstances, peut varier. On nomme **référent** ce que désigne le singe linguistique. Le référent n'a pas nécessairement une existence concrète : il peut ainsi être imaginaire (ex : *le centaure*).

La relation signifiant/signifié et référent est **arbitraire**. La différance entre les langues, les altérations phonétiques qu'ont connues les signifiants suffisent à le prouver. Même la motivation d'ordre phonique (cas de l'onomatopée) comporte une part de convention.

[···] Le signe est donc arbitraire mais, une fois la convention fixée, le couple signifiant/signifié devient **nécessaire**. Cette réflexion sur l'arbitraire du signe était déjà le sujet du *Cratyle* de Platon, dialogue qui oppose Hermogène et Cratyle. Pour le premier, le lien entre signifiant et signifié est pure convention, contrairement au second pour qui il est motivé.

2.1.2 상호영향

시니피앙(기표)과 시니피에(기의) 그리고 지시물에는 상호영향이 작용하는데, 즉 새로운 지시물이 생긴다면, 이에 따른 새로운 시니피앙이 생기기 마련이다. 보기 인류가 달에 착륙을 시도했을 그 당시부터 "달에 착륙하다"(alunir)라는 동사가 생겨난 것과 같다.

또한, 기존 단어의 시니피에 안에 비하적 의미(connotation péjorative)가 깔려 있다면 새로운 시니피앙을 만들어 대체하기도 한다. 이런 경우는 여러 가지가 있다. 보기 "concierge"(문지기)라는 단어는 건물 관리를 담당하는 사람을 일컫는 말이다. 그런데 이 말에는 호기심 많고 험담하는 사람이라는 것도 연상되기 때문에 시니피에를 바꾸어 "gardien"(관리인)으로 대체되었다.

그러면, 지시물은 언제나 동일한 것인지 자문해 볼 수 있다. 가령, 인터폰이나 암호코드 등이 부착되어 있는 크고 현대식 건물의 'gardien'(관리인)의 기능, 자격, 태도 등이 과거의 'concierge'(문지기)가 하던 것들과 과연 동일할까?

보기 "surveillant général"(총감독관)이라는 말은 요즘 사용하고 있는 "conseiller d'éducation"(교육상담관)이라는 말보다 더 지배적인 시니피에를 담고 있었다. 이와 같이 시니피앙이 시대에 맞추어 바뀌었다고 해서, 이전의 '총감독관'이 학생들과 가깝지 못했는데 '교육상담관'으로 불린다고 해서 학생들과 더 가까워질까?

또 다른 보기를 보자. "balayeur"(청소부)라는 말은 오늘날 보다 좀 더 품격이 높아진 “technicien de surface”(외관기술자)라고 불린다. 이는 청소할 때 평범한 빗자루 대신, 기계를 사용하기 때문이다.

또한, 최근에는 “maladies vénériennes”(성교에 의한 병)라고 말하지 않고, “maladies sexuellement transmissibles”(성적으로 전염가능한 병)[7)]이라고 말한다. 그 연유는 “Venus”(비너스)라는 명사에서 파생된 형용사 “vénériennes”(성교의)가 “sexuellement”(성적으로)이라는 말에 비해서 중성적이지 못하며[8)], 의학적이지 못하고, 또한 이전에는 엄격히 금기시되었던 ‘sexe’(性)라는 말보다는 우회적인 표현이기는 하지만 “vénériennes”를 쓰게 되면 마치 성병을 성행위에 따른 벌로 인식하게 되기 때문에 오늘날에는 “maladies sexuellement transmissibles” (=MST)이라는 말로 대체되었다.

또 다른 예로, “sourd”(귀머거리)라는 말보다 더 완곡하고 기술적인 단어인 “malentendant”(청각장애자)이라는 말로 대체되었는데, 이 말은 “sourd”와는 달리, 비하적인(péjoratif) 의미가 없으며 또한 청각장애의 정도(degrés)까지 나타낸다.

역주7) 프랑스인들은 주로 약어로 “MST”라고 말한다.

역주8) 성병에 관한 표현을 비너스(Vénus) 여신에서 파생된 형용사 “vénériennes”로 표현하는 것은 마치 병의 발생 원인을 여성의 책임으로 돌리는 경향이 없지 않기 때문이다.

2.2. 시니피앙의 형성

프랑스어의 시니피앙(기표)은 대부분 라틴어에서 유래된 것이지만, 일부 소수는 그리스어와 다른 여러 외국어에서 차용된 것도 있다. 가장 흔한 단어의 형성법으로서 2가지가 있는데, 파생(**dérivation**)과 복합(**composition**)이다.

2.2.1. 파생

파생어는 어간(**radical**)(= 어근[**racine**] 또는 어기[**base**])와 어떤 한 언어에서 홀로 쓰일 수 없고, 어간의 앞(접두사 préfixe)이나 뒤(접미사 suffixe)에 붙어서 쓰이는 비자립요소인 접사(**affixe**)로 구성되어있다. 그 종류는 다음과 같다.

- 접두파생(dérivation **préfixale**) 보기 “im/propre”(부적합하다)
- 접미파생(dérivation **suffixale**) 보기 “norm/al”(규범적인)
- 복접파생(dérivation **parasynthétique** 접두사 + 어간 + 접미사)
  보기 “in/croy/able”(믿을 수 없는)

위의 세 경우 외에도 특별한 두 경우가 더 있다.

역성파생(**dérivation régressive**) : 동사의 어미를 떼어버리고서 명사를 만드는 경우. 보기 “cri”(외침) < “crier”(외치다)

무접사파생(**dérivation impropre**) : 어떠한 형태의 변화도 없이 품사만 바뀌는 경우. 보기 동사원형 “dîner”(저녁식사하다) → 명사 “le dîner”(저녁식사).

비유에 의한 경우도 아주 흔하다. 보기 현재분사 형태가 무접사파생법에 의해서 그대로 형용사가 된 것

- "brulant(e)(타는 듯한), 명사가 된 것
- "un étudiant"(학생), 부사가 된 것
- "maintenant"(지금), 심지어 전치사가 된 것: "durant"(-하는 동안)들이 있다.

무접사파생법에 의해 부사가 된 "maintenant"(지금)은 다음과 같이 두 단어가 복합된 것이기도 하다. 보기 "main"(손) + "tenant"(잡고 있는).

2.2.2. 복합

어떤 한 언어에서 홀로 쓰일 수 있는 단어들이 결합되어 복합어를 만들게 되는데, 이것은 단 하나의 시니피에와 지시물에 관련된다. 보기 "pomme de terre"(감자)[9].

다음 몇 가지 기준을 통해 복합어를 분간할 수 있다. 예를 보자.

a) 완전히 붙여 쓰거나 혹은 '-'으로 복합어의 결합이 보강된 것을 정서법적으로 알 수 있다.

보기 "portefeuille"(지갑), "arc-en-ciel"(무지개) ;

b) 복합된 요소 사이에 다른 단어를 삽입할 수 없는 경우.

보기 "salle à manger"(식당) / "*salle splendide à manger[10]";

역주9) 참고로, 프랑스어에서 pomme=사과, terre=땅, 대지를 각기 의미한다.

c) 관사의 부재가 가끔 기준이 되기도 한다.

보기 "chien **de** berger"(양치기개)는 복합어이다. 왜냐하면, 이 지시물은 '양치는 개'의 부류에 속하는 것만을 지칭하기 때문이다. 그러나 "chien **du** berger"(양치기의 개)는 '개'와 '양치기'라는 2가지 지시물과 모두 관련되는 명사구(groupe nominal)이다.

파생(dérivation)과 복합(composition)이라는 2가지 조어법을 대조해 볼 때, 더 시적이고, 더 영상적인 것은 분명히 복합에 의한 것이다. "gratte-ciel"(마천루)[11]과 "immeuble"(다층건물)를 비교해 보면, 복합어는 종종 은유(métaphore)와 관계되는 것을 알 수 있다.

Certains critères permettent d'identifier un mot composé. En voici quelques-uns.

1) l'orthographe révèle parfois la cohésion du mot composé, par la présence d'une forme unique (ex. : *portefeuille*) ou de traits d'union (ex. : *arc-en-ciel*) ;
2) il est impossible de séparer les élémenets du mot composé en y insérant un autre mot (ex. : **salle splendide à manger*) ;
3) l'absence d'article est parfois un critère. Un *chien de berger* ne renvoie qu'à un référent, puisqu'il désigne une classe de chiens : c'est un mot composé, alors que le *chien du berger* renvoie à deux référents, un chien et un berger. Il s'agit donc d'un groupe nominal.

Quand on confronte les deux procédés de formation, dérivation et composition, on s'aperçoit que le mode le plus poétique, le plus imagé est, de toute évidence, la composition qui repose souvent sur une métaphore. Il suffit de comparer un *gratte-ciel* et un *immeuble*.

역주10) 기호 * : 비문법적인 구성을 가리킨다.
역주11) gratter(긁다) : '하늘을 긁을 정도로 높은 건물'이라는 표현.

3. 어휘의미론

3.1. 의소의 종류

3.1.1. 외연적 의소

우리는 앞에서 시니피에(기의)라고 불리는 의미내용이 시니피앙(기표)과 관련되는 점을 살펴보았는데, 이러한 시니피에는 음소와 마찬가지로 여러 가지 변별자질들로 이루어져 있다. 이때의 변별자질들을 의소(**sèmes**)라고 부른다.

시니피에 «제비»(hirondelle)의 몇 가지 의소들을 살펴보자. «제비»에는 {동물(animal), 새(oiseau), 철새(migrateur), 갈래모양 꼬리(queue fourchue), 가늘고 긴 날개(ailes fines et longues)} 등의 의소들을 포함하고 있는데, 이러한 의소들은 더 특정적인 것과 덜 특정적인 것이 있다. 이때, {동물}이라는 의소는 {갈래모양 꼬리}라는 의소보다는 더 보편적(général)이다. 그러므로, 의소 {동물}은 «제비»가 속하는 보편적인 범주에 관한 것이기 때문에, 이를 총칭적(**générique**) 의소라고 명명한다.

반면에, 의소 {갈래모양 꼬리}는 «제비»에 관한 더 특징적인 의소이기 때문에 이것을 «제비»의 특정적(**spécifique**) 의소라고 명명한다. 이와 같이, 총칭소와 특정소 간의 구분은 여러 가지 시니피에들을 상대적으로 비교할 때만 유효하다.

보기 [«제비»(hirondelle), «참새»(moineau), «티티새»(merle), «까치»

(pie), «울새»(rouge-gorge)]라는 집합에서, 의소 {동물}과 {새}는 집합 전체에 공통되는 의소이기 때문에 총칭적 의소가 된다. 반면, 집합 [«제비» (hirondelle), «연어»(saumon), «개구리»(grenouille), «암소»(vache), «뱀» (serpent)]에서는 의소 {동물}만이 총칭적 의소가 된다.

Nous avons vu qu'à un signifiant était lié un contenu sémantique, appelé signifié. ce signifié, comme pour le phonème, est constitué de différents traits distinctifs qu'on appelle **sèmes**.

Voici, par exemple, quelques sèmes du signifié «hirondelle»: {animal, oiseau, migrateur, queue fourchue, ailes fines et longues}. Ces sèmes sont plus ou moins spécifiques. Il va de soi que le sème {animal} est plus général que le sème {queue fourchue}. On dira que le premier sème est un sème **générique**, en tant qu'il renseigne sur la catégorie générale à laquelle appartient l' «hirondelle», alors que le second est un sème **spécifique**, car plus caractéristique de l'«hirondelle». La différenciation générique / spécifique n'a de sens que si l'on compare plusieurs signifiés. Dans l'ensemble («hirondelle», «moineau», «merle», «pie», «rougegorge»), {animal} et {oiseau} seront des sèmes génériques, car communs à tous les éléments de l'ensemble. En revanche, dans l'ensemble («hirondelle», «saumon», «grenouille», «vache», «serpent»), seul le sème {animal} sera générique.

이와 같이, 동일한 총칭소를 가진 다양한 시니피에에 대하여 연구할 수 있다. 프란시스 퐁쥬(Francis Ponge)의 『조각들』(*Pièces*)이라는 시집에 실린 「살구」(L'abricot)라는 시 한편을 간단하게 분석해 보기로 하자. 이 시는 살구를 오렌지(orange), 푸른 아몬드(amande verte), 복숭아 (peche), 자두(prune), 서양배(poire) 등과 비교하면서 살구에 대해 묘사하고 있다.

살구(L'abricot)

행복한 풍요로움으로 뭉쳐져 있고, 과일의 형태 속에 알알이 맺혀 있는 살구의 빛깔이 우리 눈에 가장 먼저 와 닿는데, 이 빛깔은 입안에 오래도록 남는 맛만큼이나 신비롭게도 과육의 한 점 한 점 속에 진하게 들어있다.

꼭지가 거의 없는 꽃받침대 아래서 팀파논 악기가 몇 소절 연주되는 동안에 오렌지빛으로 익어가는 이것이 언제나 작고 둥근 물체일 수밖에 없을지라도,

그렇지만, 강한 장조의 음과 관계가 있다.

그러나 후광 속의 이 달은 넌지시 풍겨서 하는 말과 약한 불만 따르며, 마치 솜털로 씌운 페달음 아래 있는 듯하다.

가장 강한 달빛들은 그 중심을 향하여 던져지고 있다. 가장 강한 것은 그 내부에 있다.

게다가 거기에는 단지 두 부분의 분할 외에는 어떠한 다른 분할도 예비 되어 있지 않은데, 그것은 엎어놓은 천사의 엉덩이나 혹은 강보 위에 누인 아기예수의 엉덩이이다.

그의 중심에 뭉쳐져 있는 베니스의 왕겨12)가 손가락의 압력으로 갈라진 틈 사이에 그 모습을 드러내고 있다.

이미 벌어진 그 틈으로 그것의 속은 예컨대 오렌지의 속과는 거리가 멀고, 오히려 푸른 아몬드의 속과 더 가까움을 볼 수 있다.

그러나 내가 얘기했던 솜털은 여기서 그 어떠한 백목의 틀도, 기만도, 술책도, 스튜디오를 위한 어떠한 구축물도 감추지 않는다.

역주13) 여기서 "왕겨"로 번역한 "bran"의 또 다른 사전적 의미는 '가장 거친음'(Partie la plus grossière du son)을 의미하기도 한다. cf. *petit Larousse illustré* 1988, Librairie Larousse, 1987.

그렇다. 가리고 있지 않다. 복숭아 껍질보다는 덜 하지만, 물방울이 맺혀 있고, 전혀 윤기 없는 섬모가 있고 – 그리고 마지막 피막이 수줍게 단순히 뒤집어씌운 것에 불과하기 때문에 조금도 벗길 필요가 없는 – 아주 얇은 외피 아래 바로 이곳, 참으로 구미 당기며 신선한 그 부분을 우리는 한 입 베어 문다.

크기는 한마디로 일종의 자두라 할 수 있으나, 아주 다른 곡물로서, 그것은 마치 곧바로 액체로 용해되기보다는 오히려 잼으로 만들어진다.

그렇다. 살구는 두 스푼의 맞붙은 잼 덩어리와 흡사하다.

그리고 바로 여기에 과수원의 대합이 있는데, 이것에 의해 바다의 분위기 대신, 태양의 혜택을 받은 다른 어느 지방의 새들의 공간과 대륙의 분위기가 우리에게 금새 와 닿는다.

배보다 덜 차갑고 덜 냉랭한 살구의 분위기는 오히려 지중해나 중국의 둥근 기와의 분위기를 연상시킨다.

여기, 오른손에 쥐어진 과일은 틀림없이 곧장 입으로 가져간다.

단숨에 먹어치울 것만 같지만, 매우 딱딱하고 꽤나 성가신 씨앗이 있기 때문에, 어쩌면 오히려 두 번 또는 최대 네 번에 나누어 먹는다.

바로 그때, 아주 짙고 멋진 금빛 적갈색 씨앗이 우리의 입술에서 나온다.

이것은 마치 뿌연 유리를 통해 일식 때 바라보는 태양처럼, 불과 화염을 내뿜고 있다.

그렇다. 아직도 먹다 남은 금동빛의 과육이 여기 저기 여전히 붙어있는, 성질이 아주 폐쇄적이며 우울하고 질투 많은 모르-드-베니스[13]의 강렬한 태양은, 낙과할 위험에 대하여 분노를 품고,

그리고 심히 눈살을 찌푸린 채, 봄이면 꽃을 피워야 하는 나무의 모든 책임을 대지속에 묻어버리고 싶어 한다.

- F. 퐁쥬(F.Ponge)의 『단편들』(*Pièces*) (Paris, Gallimard, 1961).

도표를 만들어 시인이 표현한 다양한 의소들을 비교하여 보자. 아래 도표와 같이 분석하는 방식을 성분 분석(**analyse componentielle** 구성 성분을 서로 비교하며 분석)이라고 명명한다.

시니피에 / 의소	살구	오렌지	푸른 아몬드	복숭아	자두	서양배
과 일	+	+	+	+	+	+
소 형	+	-	+	-	+	-
둥근형	+	+	-	+	∞	-
갈라져 있음	+	-	-	-	-	-
오렌지색	+	+	-	-	-	-
씨앗 있음	+	-	+	+	+	-
씨앗색 짙음	+	∞	-	-	-	∞
비식용 씨앗	+	∞	-	+	+	∞
섬모 껍질	+	-	+	+	-	-
껍질 분리불가	+	-	∞	-	+	-

상징 ∞은 긍정인지 부정인지 어느 답으로도 구분할 수 없을 때 표기하였다. **보기** 자두의 경우, 그 형태가 오얏(mirabelle)처럼 둥근형도 있지만, 또 장방형의 자주빛 큰 자두(quetsche)도 있기 때문에 ∞로 표기

역주13) 세익스피어의 희곡 『오델로』(1604)에 등장하는 주인공 오델로의 별칭이다.

하였다. 오렌지와 서양배에는 아예 씨앗이 없기 때문에, 의소 {씨앗색 짙음}(couleur foncée du noyau)과 {비식용 씨앗}(non comestible)은 관여적이지 않다. 또, 푸른 아몬드는 먹기는 하지만 그 자체는 과일이 아니라 씨앗이므로, 의소 {껍질 분리불가}(peau qu'on n'ôte pas)는 무효하다.

시인이 표현한 몇몇 의소 {쥬스로 만들 수 있는 과일(fruit juteux), 일조량이 많은 과일(fruit d'une région ensoleillée), 쪼갤 수 있는 씨앗(noyau sécable)} 등도 위 도표에 포함되지 않았는데, 그 이유는 이러한 3가지 기준에 대해 과일들을 분류하기가 곤란하기 때문이다. 즉, 시인이 언급한 과일들은 다소간 쥬스로 만들 수 있고, 햇빛도 일조량에는 어느 정도 차이는 있지만 모두 필요하며, 씨앗도 정도의 차이는 있으나 모두 쪼갤 수 있다. 또한, 위의 도표에서 언급했던 의소 {소형}(forme petite)에 대해서도 구분하는 데 어려움이 있다. 크기로 보아서 살구와 오렌지 사이에 복숭아를 둘 수 있을까? 따라서, 이러한 분류에는 문제점과 한계가 있다.

프란시스 퐁쥬(Francis Ponge)의 시가 아무리 정확하고 과학적으로 사물들을 묘사하고 있더라도, 그의 시에는 – 적어도 그의 놀라운 은유에 의해서만 찾아볼 수 있을 – 어떤 시적 비중(charge poétique)이 있는데, 이것은 어떤 하나의 의미망으로 국한시킬 수 있는 것이 아니다. 그러나 도표와 시를 대조해보면, 살구에만 해당되는 2가지 특정소 {갈라져 있는 형}(forme avec fente)과 {짙은 색의 씨앗}(couleur foncée du noyau)을 볼 수 있는데, 이 2가지는 살구를 시적(poétique)으로 묘사할 때 항상 우선시되는 위치에 있는 것들이다. 시인이 나중에 언급하고 있는 «두 스푼의 맞붙은 잼 덩어리»(deux cuillerées de confiture accolées)라는 표현은 살구를 «엎어놓은 천사의 엉덩이 또는 강보 위에 누인 아기예수의 엉덩이» (un cul d'ange à la renverse ou d'enfant-Jésus sur la nappe)와 유사한 모습으로 보이게 한다.

또한, 시의 마지막 부분에서 묘사하고 있는 «아주 짙고 멋진 적갈색»(d'un merveilleux blond auburn très foncé), «아주 폐쇄적이며, 음침하고, 질투 많은 성격»(d'un caractère fort renfermé, sombre et jaloux), «눈살을 찌푸리는»(fronçant un sourcil dur) 등은 살구씨의 특징(particularité)을 잘 노래하고 있다.

총칭소(sèmes génériques)와 특정소(sèmes spécifiques)는 외연적(**dénotatifs**) 의소들이며, 이것들은 상대적으로 일정하고, 사회적으로 보편화된 시니피에의 객관적인 정의(définition objective)에 속하는 것들이다.

3.1.2. 내포적 의소

내포적(connotatifs) 의소도 있는데, 이것에 대하여 정의내리기는 더 복잡하다. 왜냐하면 이것들은 단어의 외연적 의소에 곁들어져 있으며, 주로 단어가 묵시하는 것, 단어에 연상되는 것과 관계하므로, 일정하지 않고 주관적이기 때문이다.

보기 "blanc"(희다) : "neige"(눈)을 연상하고 내포한다.

wassingue"(행주) : "serpillière"(행주)와 동일한 외연적 의소를 지니고 있지만, 전자가 '북쪽지방의 프랑스어'(Nord)라는 지방색을 내포하고 있다는 점에서 후자와 차이가 있다.

내포적 의소는 다소 개인적이며 주관적이다. 어떤 내포(connotations)는 잘 알려져서 사전에 기입되기도 한다.

보기 "blanc comme neige"(눈같이 흰), "rouge comme une pivoine"(작약같이 붉은), "têtu comme une mule"(당나귀 같은 고집쟁이) 등과 같은 비교 유형의 경우로서, 이때 비유하고 있는 것이 바로 그 형용사의 내포적 의소이다.

시니피에 «concierge»(문지기)보다 시니피앙 "gardien"(관리인)을 선호하는 여러 가지 이유 중의 하나는 바로 전자에는 {쑥덕공론}(commérage)과 {호기심}(curiosité)이라는 내포적 의소가 있기 때문에 이러한 것이 덜 연상되는 후자를 택하게 된 것이다.

또한, 문맥에 따른 내포적 의소도 있다. 이것은 많이 사용되면 외연적인 것이 되기도 한다.

보기 "Des voleurs ont visité mon appartement"(도둑이 내 아파트를 방문했다)의 «visiter»(방문하다)는 '도둑'이라는 명사에 의해 내포적 의소 {집을 털리다}(cambrioler)를 생각할 수 있다.

Mais il existe également des sèmes **connotatifs**, plus complexes à définir car plus instables, plus subjectifs, qui, comme l'indique le préfixe *con-* (du latin *cum* = avec), s'ajoutent aux sèmes dénotatifs et révèlent principalement ce que suggère le mot, ce à quoi on l'associe. [···]

Les sèmes connotatifs sont plus ou moins individuels, subjectifs. Certaines connotations sont devenues si courantes qu'elles sont attestées par les dictionnaires. C'est le cas des comparaisons du type *blanc comme neige, rouge comme une pivoine, têtu comme une mule*, etc. où l'adjectif a pour sème connotatif le comparant. C'est — entre autres raisons — parce qu'au signifié «concierge», étaient associés les sèmes connotatifs {commérage} et {curiosité} qu'on a préféré le signifiant *gardien*, moins connoté. Il existe également des sèmes connotatifs contextuels qui, à force d'être utilisés, tendent à devenir dénotatifs. Ainsi, dans une phrase telle que *Des voleurs ont visité mon appartement*, «visiter» prend pour sème connotatif {cambrioler} à cause du substantif *voleurs*.

위의 두 경우는 내포(connotation)에 의해 어휘화된(lexicalisée) 것이며, 이러한 과정은 전혀 주관적인 것이 아니다. 그런데 더욱 흥미로운 점은 내포적 의소가 화자(sujet parlant)의 주관성(subjectivité)을 드러내 보인다는 것이다. 이것은 그의 상상, 체험, 문화, 심리, 소속 등과 관련된다.

보기 «갈매기»(*la mouette*)를 통해, 문화적인 면에서는 안톤 체홉(Anton P. Tchekhov, 1860-1904)의 연극을 연상할 수 있으며, 체험적 측면에서는 마르세이유(Marseille)[14]를 연상할 수도 있을 것이며, 상상적 차원에서는 추위에 떠는 소녀들을 연상할 수도 있을 것이다.

보기 "lovic" : "veau"(송아지 고기) 대신 '루세벰'(loucherbem)이라고 하는 정육점 주인들이 쓰는 은어(argot)에 속하는 "lovic"을 사용함으로써, 화자가 이에 대하여 알고 있음을 표현할 수도 있다.

그렇지만, 내포를 해석할 때는 주의할 점이 있다. 평속성을 내포하는 어휘를 사용한다고 해서 반드시 사회적으로나 지적으로 저급한 사회 계층인 것은 아니다.

보기 루이-페르디낭 셀린느(Louis-Ferdinand Céline)의 『밤 끝까지의 여행』(*Voyage au bout de la nuit*)이나 혹은 다니엘 페낙(Daniel Pennac)의 『식인도깨비[15)]에게 행복을』(*Au bonheur des ogres*)의 작품처럼, 고의로 평속한 말을 선택하는 경우도 있고, 또는 말을 듣는 상대방을 염두에 두고서 동일한 화자가 상황에 따라 여러 가지 다양한 화계(registres)의 언어를 구사할 수도 있는 것이다.

또한, 어떤 내포적 의소는 개인의 상상에서 비롯되는 경우도 있다. 이때, 화자가 더 이상 인식하지 못하고 있던 문화적 지시(référence)와 관련되는 경우도 있다.

보기 현대문학을 가르치는 한 교사에게 «까마귀»와 «티티새»에 대하여 어떤 것들을 연상하는지 설문했더니 대답은 다음과 같다. 이에

역주14) 마르세이유는 프랑스 남쪽 지중해 바다를 접하고 있는 대도시로서, 갈매기가 흔한 곳이다.
역주15) 어린 동자를 잡아먹는 동화에 나오는 거인.

대하여 설명하고자 한다.

까마귀(le corbeau)

검다
까마귀 우는 소리 : 까옥까옥
죽음
슬픔
비통
썩은 고기를 먹는 새
더 이상 ~않다 (포우의 시 『까마귀』에서)
비용의 시 『교수형되는 자들의 발라드』
랭보의 시 『까마귀』
시신
전쟁터
제대로 알려지지 못한 새
흉조
미신
점술사
겨울
평원
길가
고독
Clouzot의 영화 『까마귀』
어리석은 짓 (『까마귀와 여우』에서)
빛나는 깃털
어두운 분위기
꿰뚫어 보는 눈

티티새(le merle)

빈정대는 티티새
산장
보기 좋은 검은색
휘파람소리
친근한 새
깨울 수 있다
나의 정원 안에 있는 둥지
벌레를 먹다

위의 대답들에 대하여 몇 가지 지적을 하면 다음과 같다.

- 우선, 까마귀는 티티새보다 연상되는 것이 더 많은 동물이며, 이는 대다수 사람과 마찬가지로 설문대상자에게 있어서도 그러하였다. 까마귀에 대해서는 『상징사전』(*Dictionnaire des symboles*)에도 그 항목이 배당되어 있을 정도로 상당수의 문화적 지시들이 있는 반면, 티티새는 『상징사전』안에 별도의 항목이 없다.
- 또한, '까마귀'는 부정적인 내포의 의소들과 관련되는 반면에, 티티새는 긍정적인 내포적 의소들과 관련되어 있음을 볼 수 있다.
- 끝으로, 외연적 의소와 내포적 의소간의 경계가 정해져 있거나 또는 다양한 내포적 의소들 (문화적인 것, 삶과 관련된 것…) 간의 경계가 정해져 있는 것은 아니다.

한편, 여러 가지 외연적 의소(sèmes dénotatifs)들을 다음과 같이 추려 볼 수 있다.

까마귀의 총칭적 의소(sème générique)로는 {새}(oiseau)가 있으나, 특정적 의소(sèmes spécifiques)로는 {검다(noir), 까옥까옥(cri : croassement), 썩은 고기를 먹는 새(charognard), 평원에 익숙한(habitué des plaines), 빛나는 깃털(plumage brillant), 꿰뚫어보는 눈(oeil perçant)} 등이 있고, 티티새에는 {검다(noir), 휘파람소리(sifflement), 벌레를 먹다(mange des vers), 정원에 사는데 익숙한(habitué des jardins)} 등의 특정적 의소들이 있다.

대체로, 내포적 의소들은 외연적 의소로부터 생기는데, 까마귀 우는 소리와, 까마귀 먹이의 양식, 특히 평원의 썩은 고기를 먹는 까마귀

먹이 등에 연상되는 '검은색'은 까마귀에게 부정적인 것을 부과하는 것이 확실하다. 반면에, 새벽녘 어둑어둑할 때부터 사람을 깨우기도 하는, 사람이 내는 소리와 비슷한 휘파람소리(sifflement), 그리고 암컷이 흔히 정원에다 만드는 둥지에서의 부화(naissance)와 연상되는 티티새의 '검은색'은 좋은 인상만을 상기시킨다.

위에 언급한 특정적 의소 중에서 일부는 외연적이면서 동시에 내포적이기도 하다.

- 형용사 {검다}(noir) : 단순히 색깔만을 의미하는 것이 아니다.
- {까마귀 우는 소리}(cri) : 고통과 두려움을 나타낸다.
- {꿰뚫어보는 눈}(oeil perçant) : «통찰»(perspicace) 뿐만 아니라 «멀리 바라봄»(voyant de loin)도 의미한다. 대홍수 이후, 지구상에 육지가 다시 드러났는지 여부를 까마귀를 보내어 확인하도록 했던 성경의 「창세기」에서 볼 수 있듯이, 까마귀가 통찰력(perspicacité)의 상징이라는 것을 우리의 설문대상이 되었던 교사도 알고 있든 혹은 더 이상 모르든 간에, 그는 까마귀에 대해 위의 2가지 어의(acceptions)를 생각하고 «꿰뚫어 보는»(perçant)을 언급하였다. 까마귀는 예측적(prophétique) 기능을 가진다.

사실, 시니피에는 여러 가지 의소들의 단순한 부가(simple addition) 이상으로, 서로 얽혀있는 의소들의 망(tissu)이다.

보기 의소 {죽음}(la mort)의 의소망 : 까마귀의 검은색(couleur noire), 불길한 까마귀 소리(cri lugubre), 까마귀의 먹이(mode de nutrition), 까

마귀가 있는 황량한 장소(lieux désolés), 포우(Poe), 비용(Villon), 랭보(Rimbaud) 등의 시인들, 그리고 '어린 까마귀'(corbillat) [꼬르비야]라는 말과 '영구차'(corbillard) [꼬르비야르] 간의 비슷한 발음 등에서 까마귀가 연상하는 의소 {죽음}(la mort)이 생긴 게 아닐까?

이처럼, 내포의 힘은 외연적 의소를 은폐시키거나 상반되게도 한다. 까마귀가 다른 많은 동물과는 달리, 동류 간에 연대감이 강해서, 그들 중 한 마리가 어려움 속에서 죽도록 내버려두지 않으며 무리지어 산다는 사실을 우리는 잊고 있다. 위의 조사내용에서 나타난 것처럼, 지나치게 내포되었고 남용되었기 때문에 까마귀는 «제대로 알려지지 못한 동물»(un animal méconnu)이 되고 말았다.

더구나, 내포는 시대와 지역에 따라 변할 수 있는데, 까마귀가 부정적으로 인식된 것은 비교적 최근의 일이며, 순전히 서구지역에 국한된 것이다. 일본에서는 까마귀가 가족애(amour familial)의 상징이다.

3.2. 단어의 의미

3.2.1. 공시태와 통시태

한 단어의 의미적 연구(étude sémantique d'un mot)는 공시태(**synchronie**)와 통시태(**diachronie**)라는 2가지 관점에서 할 수 있다.

공시태의 어원은 '동시대 내에서'(dans le même temps)라는 뜻으로, 이것은 어느 특정한 시대 내에서의 단어를 대상으로 연구하는 것이다.

통시태의 어원은 '시대를 총괄해서'(à travers le temps)라는 의미로서, 이는 단어의 변천과정을 연구하는 것인데, 단어의 기원에서부터 그 역사를 연구하는 것이다.

En **synchronie** (du grec *sugkhronos*: dans le même temps), le mot sera étudié à un moment déterminé de l'évolution de la langue.
En **diachronie** (du grec *dia*: à travers et *chronos*: le temps), sera étudiée l'évolution du mot à travers le temps, son histoire depuis ses origines.

보기 "poison"(독극물)이라는 명사를 살펴보자.

우리가 어느 특정한 시대, 가령 우리 시대에서 본다면(이것은 공시태적 연구에 해당된다), "poison"을 치명적일 수 있는 유독 물질로 정의할 수 있으며, 또 은유적이며(métaphoriques) 비유적으로(figurés) 유독하고 위험한 것을 말할 경우나 다루기 힘든 사람이나 지루한 사항에 대하여 말할 경우에도 일반적으로 평속한 화계(registre familier)에서 이 단어를 사용한다.

"poison"(독극물)을 통시태적으로 연구한다면, 이 단어가 본래 '음료수, 또한 해독성이 있을 수 있는 약물이나 마법의 약' 등을 의미하는 라틴어 "potionem"에서 유래했음을 알 수 있게 된다. 이 단어는 원래 본질적인(essentiel) 의소였던 {음료수}(boisson)가 점차 임의적인(facultatif) 것이 되었으며, 이와 반대로 {유해하다}(nocif)라는 임의적 의소가 16세기부터 우세하게 사용되면서, 이 단어에 이러한 의미변화(changement sémantique)와 관련된 비유적 사용들(emplois figurés)이 부가된 것이다.

언어(langue)란 살아있는 유기체(organisme vivant)로서 계속 변화하므로, 의미변이(glissements sémantiques)는 다양한 비유(figure)로 계속 일어난다. 어느 한 단어가 더 인상적이고, 음운형태적으로도 더 간단한 다른 언어로 대체되어 더 이상 쓰이지 않게 되기도 한다.

보기 "ouïr"(듣다)와 "choir"(떨어지다)는 "entendre"(듣다)와 "tomber"(떨어지다)로 각각 대체되어 오늘날 아주 드물게 사용된다.

두 단어의 파생어휘들 – "ouïe"(청각), "inouï"(놀라운), "chute"(추락), "chance"(행운), "échoir"(만기가 되다), "déchéance"(전락), "déchet"(실추) 등은 아직도 많이 사용되고 있긴 하지만, "ouïr"(듣다)와 "choir"(떨어지다)는 샤를르 페로(Charles Perrault)의 『홍두건 아이』(*Le Petit Chaperon rouge*)에 나오는 "쐐기를 뽑으면, 문빗장이 떨어질 거야"(Tire la chevillette, la bobinette cherra)라고 할머니가 말하는 대목에서 오늘날의 어린 독자는 동사 "choir"(떨어지다)의 미래형인 "cherra"를 더 이상 이해하지 못할 것이다.

단어는 사용되는 동안에 의미가 약화(usure)되기도 한다.

보기 『롤랑의 노래』(*La Chanson de Roland*: 11세기말의 작품)의 "올리비에는 그가 치명상을 입었음을 느꼈다" (Olivier sent qu'il est a mort nasfret = Olivier sent qu'il est blessé à mort)라는 대목에서 "navrer"(마음이 아프다)는 – 어원상 고대 노르드어(ancien norois)[16] "*nafra"(뚫다)에서 유래하였음 – 당시 «신체적으로 다치다»라는 강한 의미로 쓰였는

역주16) 고대 노르드어는 중세 스칸디나비아에서 사용된 언어이다.

데, 차츰 이러한 의미가 약해져서 16세기에 이르러 «몹시 슬프다»를 의미하더니, 오늘날에는 «미안합니다»(Je suis navré)와 같이 단순히 예의상 하는 말로 흔히 쓰인다.

Dans *La Chanson de Roland* (œuvre de la fin du XIe siècle), *Oliver sent qu'il est a mort nasfret* (Olivier sent qu'il est blessé à mort) : *navrer* (de l'ancien norois **nafra :* percer) a alors le sens fort de «blesser physiquement». Le sens de ce verbe va progressivement s'affaiblir : au XVIe siècle, il signifie «affliger profondément» et à l'heure actuelle, il est souvent utilisé comme simple formule de politesse (cf. *Je suis navré* = je suis désolé).

의미확장(extension)이나 반대로 의미축소(restriction)는 모든 단어에서 일어날 수 있다.

보기 "viande"(육류) : 의미축소된 것.

원래, 라틴어 동사 'vivere'(살다)의 중성복수의 현재분사형 'vivenda' (살도록 해주는 것)에서 유래된 것.

고대 프랑스어에서 "viande"는 살아가는데 쓰이는 전반적인 음식물, '식량'을 가리키는 말이 되었다가 ⇒ 점차 오늘날과 같이 의미가 축소되어 '육류'로만 쓰이고 있다.

끝으로, 단어에 일어나는 의미변이(glissements sémantiques)는 흔히 문체상의 여러 가지 비유법에서 비롯된다.

보기 "bureau" : 이 단어는 13세기경에 처음으로 «책상보»(tapis de table)

라는 의미로 쓰였다. 이것이 환유(métaphore) = 인접관계(rapport de contiguïté)에 의하여 책상 자체를 지칭하게 되면서 처음 의미는 버리게 되었다. 그 뒤 연쇄적으로 3가지 제유(synecdoques) [= 포함관계(rapport d'inclusion)]에 의하여 "bureau"의 의미장(champ sémantique)이 확장되었다. 즉, 포함관계(rapport d'inclusion)에 의하여, "bureau"는 '책상이 있는 공간', '집무실', '그러한 공간에서 일하는 사람들', 예컨대 '사무원', '대표단', '회의참가자' 등을 지칭하는 단어가 되었다.

단어의 변화를 간혹 우리 시대에서도 인지할 수 있다.

보기 "bien 'achalandée'[17] 되어있는 가게에는 '손님들'이 많기 마련이다"(Une boutique bien achalandée a de nombreux chalands)라는 문장에서 대부분의 사람들은 "achalandée"라는 말을 '상품을 잘 갖추고 있는'(approvisionnée)의 뜻으로 알고 있다. *Petit Robert* 사전(1993)에도 원인과 결과를 혼동한 데서 이러한 의미변이가 일어났음을 지적하고 있다. 확실히 몇 년 안에 이 단어의 본래 의미인 '손님이 많다'(achalandée)라는 뜻은 진부한 것으로 판정받게 될 것이며, 이와 같이 잘못 사용된 의미(sens erroné) '상품을 잘 갖추고 있다'(approvisionnée)는 환유(métonymie)에 의해 그 본래 의미에서 파생된 현대적 의미로 취급될 것이다.

반어법(antiphrase)에 의해서도 단어는 변화한다.

보기 평속어인 대명동사 "se marrer"(허리가 끊어질 듯 웃다) : 이 단어는

역주17) 'achalandée'의 본래 의미는 '손님이 많은'인데, 차츰 '상품이 잘 갖추어져 있는'이라는 의미변이가 일어났다.

원래 프랑크족의 **marrjan* : '괴롭히다', '화나게 하다'라는 말에서 유래된 '슬프다'(s'affliger)라는 의미였는데, 그 후 '지겹다(s'ennuyer)라는 의미를 갖게 되었으며(cf. J'en ai marre 나는 그것에 질렸다), 오늘날에는 반어법에 의해 '즐겁다', '웃다'라는 의미를 갖게 되었다.

초기에 의미변이를 가장 잘 일어나도록 하는 문체상의 비유법은 역시 은유에 의한다. 전형적인 예로 "tête"(머리)를 들 수 있다.

보기 "tête"(머리) : 고전라틴어에서 본래 "testa"는 토기(vase)였는데, 후기라틴어에서는 '두개골'(crâne)을 의미했고, 이것이 농담으로 '머리'(tête)라는 의미로 쓰이게 되었다. 두개골을 토기로 사용하여 물을 마시던 당시 사람들의 관습에서 이러한 의미변이가 생겨났고, 그 후 점차 "tête"(머리)가 고대 프랑스어에서 여러 가지 의미 가운데 '머리'라는 뜻을 가지고 있었던 "chef"를 대체하게 되었다. 왜냐하면 "tête"가 "chef"보다 더 인상적이어서 더욱 쉽게 머리를 연상시켜 주는 한편, 그 당시에 이미 "chef"가 지나치게 다의적이었던 연유도 있다.

단어의 통시적 변천은 주로 3가지 비유법에 따르는데, 이 비유법들은 수사학적으로 다음의 3가지 위상적(topologiques) 개념과 상응한다.

- 인접**(contiguïté)** : 환유에 의한 의미변이의 경우
- 포함**(inclusion)** : 제유, 의미축소, 의미확장의 경우
- 교차**(intersection)** : 은유에 의한 의미변이, 혹은 어떤 의소의 상실 혹은 부가에 의한 의미변이의 경우

ꋘ On voit donc que l'évolution diachronique d'un mot s'opère principalement selon trois cas de figure correspondant mathématiquement à trois notions topologiques :

- la contiguïté : dans le cas des glissements sémantiques par métonymie;
- l'inclusion : dans le cas de la synecdoque, des restrictions ou extensions sémantiques;
- l'intersection : dans le cas des glissemnets sémantiques par métaphore ou par perte ou ajout d'un sème.

"poison"(독극물)의 경우를 도식화해보면 다음과 같다.

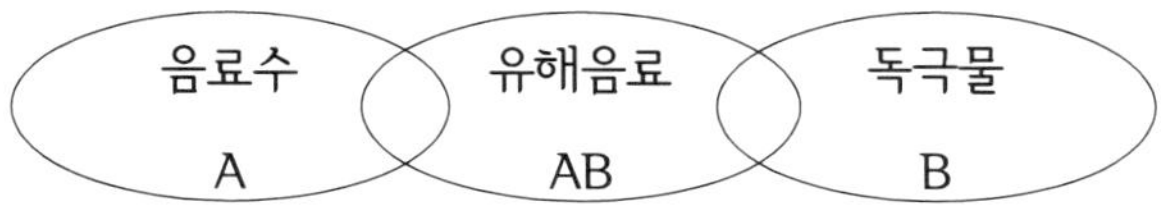

이때 우리는 유사어의 구조에 대해 살펴볼 수 있다.

3.2.2. 다의관계, 동의관계, 동음이의관계

단어의 통시태적 연구는 다의관계(polysémie)의 경우를 잘 이해하도록 해주는데, 다의관계란 단지 표층적인 차원에서의 현상일 뿐, 모든 의미들은 서로 관련지어 설명될 수 있으며, 대체로 최초의 의미(sens premier)에서 비롯된 것이다.

보기 "tête"(머리) : 이 단어에 대하여 *Petit Robert* 사전에는 세 분류로 장황하게 설명하고 있으나, 이 단어의 모든 의미는 '생물체의 앞부분이나 윗부분의 끝'이라는 처음 의미에서 파생된 것이다.

은유(métaphore)에 의해, 이 정의가 사물에도 적용되었고, 제유(synecdoque)나 환유(métonymie)에 의해 "tête"(머리)는 '사고'나 '심리 상태의 근거지'를 지칭하게 되기도 했으며, '목숨' 또는 '사람 자체'를 가리키기도 한다.

상황에 따라 "chef"(우두머리)가 "tête"의 동의어가 되기도 하지만, 사실상 이 두 단어는 의미에 차이가 있다. "tête"와는 달리, "chef"는 옛날 용법이나 문체적인 사용을 제외하고는, 다른 사람보다 계급이 우위에 있는 사람을 지칭하는 것으로 의미축소 현상이 일어났다. "tête"는 비생물체에 사용될 수 있고, 구체적이고 신체적인 서열의 상위체에 사용될 수 있으며, 또한 일반적으로 "tête"가 포함되어 있는 개체의 앞부분이나 윗부분을 가리키기도 한다. 반면에, "chef"는 반드시 생물체이어야 하며 비신체적인 상위체에만 쓰이며, 또한 계급적으로 어떤 총체의 상위요소(élément supérieur)를 가리킨다.

완전히 동의어(synonyme)인 것처럼 보이는 단어들조차도 사실 기능에 차이가 있는데, 프랑켈(J.-J. Franckel)은 『프랑스어의 상 표지에 관한 연구』(*Etude de quelques marqueurs aspectuels du français*)에서 동사 "commencer à"(~하기 시작하다)와 "se mettre à"(~하기 시작하다)를 대조하면서, 일반적으로 언어에 영향을 주는 경제법칙이 완전동의관계(parfaite synonymie)가 생기지 않도록 한다는 것을 증명하였다.

"Je commence à en avoir marre"(나는 지겹기 시작한다)라는 문장을 "*Je me mets à en avoir marre"(나는 지겨워지기 시작한다)로 대체할 수 없는 이유를 다음과 같이 설명했다. 우리가 "Je commence à en avoir marre"(나는 지겨워지기 시작한다)라고 말한다는 것은 "내가 이제는 '정말'

지겨워져서 지금은 물론이고 더 이상 지겨워서 못 하겠다"는 의미이다. 따라서 "commencer à (~하기 시작하다) + P"는 "pas vraiment (정말 ~아니다) + P"에서 "vraiment (정말 ~이다) + P"로 의미가 이행하는 반면, "se mettre à (~하기 시작하다) + P"는 "non P (~아니다)"에서 "P이다"로만 이행함을 의미한다. 그러므로 "se mettre à"에는 순간성(soudaineté)이 있으나, "commencer à"에는 오히려 의미강조(intensification)가 나타난다.

간단히 살펴본 사례를 통해서, 동의관계(synonymie)는 단지 상황적이고 표층적인 것임을 알 수 있다.

Même des mots qui semblent totalement synonymes fonctionnent différemment : la loi d'économie qui régit généralement la langue va à l'encontre d'une parfaite synonymie. J.-J. Franckel, dans son ouvrage intitulé *Étude de quelques marqueurs aspectuels du français*, l'a bien montré en confrontant *commencer à* et *se mettre à*.

Une phrase telle que *Je commence à en avoir marre* ne peut être remplacée par **Je me mets à en avoir marre*. La raison en est la suivante : si je dis *Je commence à en avoir marre*, cela signifie que j'en avais déjà marre avant mais que maintenant, je n'en puis plus, que j'en ai *vraiment* marre. *Commencer à P* signifie donc passer de *pas vraiment P à vraiment P*, contrairement à *se mettre à P* qui marque seulement le passage de *non P à P*. D'où le fréquent effet de soudaineté créé par *se mettre à*, alors que *commencer à* montre plutôt une intensification. À travers cet exemple dont nous simplifions l'explication, on voit que la synonymie n'est que contextuelle et superficielle.

한편, 동음이의관계(homonymie)는 단어들이 동일 어원(même étymon)에서 비롯되지 않는 경우에만 성립된다.

보기 "comte"([kɔ̃:t] 백작), "compte"([kɔ̃:t] 계산), "conte"([kɔ̃:t] 이야기)의 경우를 살펴보자.

"comte"(백작) : 이 단어는 라틴어 "comitem"에서 유래한다.

"compte"(계산)와 "conte"(이야기) : 둘 다 동일한 라틴어 "computum"에서 유래한다. 즉, 수학적 행위로서의 "compter"(계산하다)와 문학적 행위로서의 "conter"(이야기하다)는 상관없어 보이지만, '이야기한다는 것'은 생각을 모은 다음에, 하나의 담화를 조직적으로 구성하고, 사건들을 열거하는 데에 있어서 논리적이고 수학적 방식이 관련되기 때문에, 이 두 단어는 의미적으로 연관성이 있는 것이다. 더구나, 15세기까지는 "compter"([kɔ̃:t] 계산하다)와 "conter"([kɔ̃:t] 이야기하다)의 철자 구분이 없었기 때문에 그 연관성을 볼 수 있었다.[18] 아직도 독일어에서는 "계산하다"(compter)를 "zählen"으로, "이야기하다"((ra)conter)를 "erzählen"이라고 한다.

마찬가지로, 명사 "monde"(세상)와 형용사 "immonde"(불결하다) 사이에도 어떤 관련이 있을까? 라틴어의 "mundus"는 명사로서, '우주' 또는 '치장'을 의미하며, 형용사로서 '깨끗하다'를 의미한다. 라틴족은 누군가가 본래 혼돈 상태에 있던 것에 질서와 청결과 아름다움을 주러 왔을 것이라는 창세에 대한 그리스인의 설명을 수용하였다. 라틴어 "mundus"는 그리스어의 "cosmos"(우주)와 같은 말이다(cf. "cosmétique"

역주18) "conter"로 2가지 의미를 표현하여 쓰다가, 15세기에 이르러서야 "compter"가 상용화되기 시작했다.

화장품). 따라서 "monde"(세상)와 "immonde"(불결하다), "immondices"(오물), "émonder"(불필요한 부분을 없애다), "monder"(정선하다) 등의 단어들 간의 연관이 이루어진 것이다.

Prenons l'exemple de *comte*, *compte* et *conte*. Le premier vient du latin *comitem*, les deux autres du même mot latin *computum*. *Compter*, activité mathématique et *conter*, activité littéraire, semblent pourtant bien lointains. Un lien sémantique les unit cependant. Conter, raconter, c'est organiser un discours, énumérer (< *numerus*) des événements, après avoir rassemblé ses idées : démarche logique, mathématique. D'ailleurs, ce lien étroit était perceptible jusqu'au XVe siècle puisque n'existait pas de discrimination graphique entre les deux mots. Il l'est encore dans certaines langues comme l'allemand où compter se dit *zählen* et (ra)conter *erzählen*.

De même, quel rapport existe-t-il entre le substantif *monde* et l'adjectif *immonde?* En latin, *mundus*, en tant que nom, signfie *univers* ou *parure* et en tant qu'adjectif, *propre*. Les Latins retiennent l'explication grecque de la création de l'univers : quelqu'un serait venu mettre de l'ordre, de la propreté et de la beauté dans le chaos originel. Le *mundus* latin équivaut au *cosmos* grec (cf. *cosmétique*). Ainsi est fait le lien entre *monde* et *immonde*, *immondices*, *émonder* ou *monder*.

II. 단어에서 문장까지

1. 문장의 구성

앞 장에서는 문장 속에서의 단어가 아닌 '하나의 별도 단위로서의 단어'(le mot en tant qu'unité à part entière)에 대하여 살펴보았다. 그런데, 음소가 모여 하나의 단어를 만드는 것처럼, 일련의 단어가 규칙에 맞추어 잘 연결된 것(une chaîne de mots qui obéit à des règles bien précises)이 바로 하나의 문장(une phrase)이다. 문장이 문법적으로 틀림 없으려면 형태통어론적 규칙(règles morphosyntaxiques)에 부합해야 하지만, 문법적으로 옳다고 하더라도 의미적으로 맞지 않는 문장도 있을 수 있기 때문에 어휘규칙(règles lexicales)에도 부합되어야 한다.

1.1. 형태론적 규칙

일반적으로, 형태(formes : *morpho-*)에 관한 연구(étude : *-logie*)를 형태론(**morphologie**)이라고 하는데, 이는 어느 한 나라말의 시니피앙(signifiants)과 이것의 여러 가지 조어법(modes de formation)과 그 변이들(variations)에 대하여 연구하는 것이다.

1.1.1. 형태 변이

가능한 몇 가지 형태 변이들(variations de forme)의 예를 살펴보자.

◎ 통합적 변이

우리는 앞에서 통합축(axe syntagmatique)이 언연쇄 결합의 가로축임을 살펴보았는데, 여기서는 발음편의상 모음충돌(hiatus)을 피하기 위하여 행해지는 일련의 현상들이 이에 해당된다.

- 모음축약(élision)의 경우 : *si il → s'il
- 명령법(impératif)에서 동사 어미에 글자를 첨부하거나 '-' 사이에 자소를 삽입하는 경우 : parle-lui → parle**s**-en ; vient-il? → joue-**t**-il?
- 주목할 만한 예로, 대명사 "on"(우리)의 앞에서 발음편의를 위해 <l'>이 삽입되는 이유를 통시태적으로(diachroniquement) 설명할 수 있다. "on"은 라틴어 "homo"(사람)의 무강세형에서 유래되었는데, <l'>은 축약된 정관사의 잔존이다.
- 품질형용사 "beau/bel"(아름답다), "vieux/vieil"(늙다), "mou/mol"(물렁하다) 등의 경우. 이와 같이 2개의 남성형용사가 여전히 사용되고 있는 것도 바로 조화음(euphonie)을 위해서이다.

◎ 성, 수, 인칭의 변이 : 일치현상

남성/여성, 단수/복수, 인칭(인칭대명사, 소유형용사, 소유대명사, 동사형) 등을 표시하는 모든 표지들(marques)은 형태론에 속한다.

보기 "nous sommes venues"(우리들은 왔다) : 여성형 표지 venues의 -e, 세 단어에 모두 나타난 복수형 표지 -s, 그리고 인칭대명사와 조동사

“être”의 쓰임에서 볼 수 있는 2가지 인칭 표지, nous와 sommes 등이다.

일치(accord)에는 자연히 형태론적 잉여(redondance morphologique)가 생기기 마련이다. 라틴어에서 주격 인칭대명사는 강조의 경우처럼 특별한 의도1)가 있을 때만 쓰였는데, 프랑스어에서는 활용어미 끝부분을 잘 발음하지 않기 때문에 주격 인칭대명사를 반드시 사용하게 되었다. 따라서 프랑스어는 굴절어(langue synthétique)에서 분석어(langue analytique)로 전환되었다.

보기 “chanter”(노래하다)의 직설법 현재시제 활용에서, 1인칭 단수형, 2인칭 단수형, 3인칭 단수형과 3인칭 복수형(= 6인칭)은 모두 다음과 같이 음성적으로 동일한 어미를 가진다 : [ʃɑ̃t].

Variation de nombre, de genre ou de personne : phénomènes d’accord. Toutes les marques de singulier ou de pluriel, de masculin ou de féminin, de personnes (pronoms personnels, possessifs, formes verbales) relèvent de la morphologie. Ainsi, dans *nous sommes venues*, nous avons une marque de féminin (*e*), trois marques de pluriels (dans les trois mots) et deux marques de personne (dans le pronom personnel et l’auxiliaire *être*). L’accord entraîne donc une redondance morphologique. En latin, le pronom personnel sujet n’était utilisé qu’à des fins expressives (renforcement). Il est devenu nécessaire en français, par suite de l’amuïssement de la désinence finale dans de nombreux cas. On est passé d’une langue synthétique à une langue analytique. Par exemple, *chanter* au présent de l’indicatif a les mêmes désinences phoniques aux 1re, 2e, 3e et 6e personnes : [ʃɑ̃t].

역주1) 라틴어에서는 동사활용만으로 충분히 그 인칭을 알 수 있기 때문에, 주격 인칭대명사는 보통은 잘 쓰지 않는다. 단, 강조하기 위하여 “ego”(1인칭), “tu”(2인칭), “nos”(4인칭), “vos”(5인칭) 등을 사용한다. **보기** “ego laboro”(= moi je travaille 나는 일을 한다) ; “tu piger es” (= toi, tu es paresseux 너는 게으르다).

◎ 시제, 서법, 인칭에 따른 동사 어간의 변이

이러한 형태변이는 동사에서 일어난 음성변화(altération phonétique)의 잔존이다. 직설법 현재시제의 1, 2, 3, 6인칭의 활용형에서 강세는 어간(radical) 부분에 있는 반면에, 4, 5인칭의 활용형에서는 강세가 어미(désinence) 부분에 있다. 따라서 어간에서는 강세모음의 이중모음(diphtongaison)과 주로 관련된 변화가 일어나게 된다.

간혹 유사한 어형변화(réfection)가 일어나기도 하지만, 대다수 동사에서는 모음교체(altérnance)가 일어난다.

보기 "mourir (je m**eu**rs 나는 죽는다 / nous m**ou**rons 우리는 죽는다)" ;
"venir (tu v**ien**s 네가 온다 / vous v**e**nez 당신들이 온다)" ;
"savoir (il s**ait** 그는 알다 / ils s**av**ent 그들은 알다)" ; 이 동사는 서법이 접속법(subjonctif)으로 바뀌면 어간도 "sach-"로 변한다.

가장 변이가 뚜렷한 동사는 "aller"(가다)로, 이것은 시제와 인칭의 변이를 거듭 겪게 되었다. 직설법 현재시제의 1, 2, 3, 6인칭에서의 어간은 "v(a)"이며, 4, 5인칭에서의 어간과 단순과거와 반과거에서의 어간은 "all-"이고, 단순미래와 조건법 현재시제에서의 어간은 "i-"이다. 이처럼 3가지 어간의 형태는 3가지 다른 어원에서 비롯된 것이다.

보기 "vadere"의 "v(a)" ;
"ambulare" 혹은 'andare'의 반복상인 "aditare"의 "all-" ;
"ire"의 "i-".

1.1.2. 형태통어론

다른 형태론적 변이(variations morphologiques)도 있다.

- 강세형(**forme tonique**)과 무강세형(**forme atone**) 보기 "moi / me"(나).
- 기능에 따른 변이형 보기 "que"(무엇을) / "qui"(누가), "il / le / lui"(그 / 그를 / 그에게) 등이 해당된다.

주목할 점은 형태론과 통어론은 아주 밀접한 관계를 맺고 있어서, 거기서 형태통어론(**morphosyntaxe**)이라는 용어가 생겼다는 것이다. 그 이유는 형태가 바뀌는 것에는 흔히 통어론이 중요한 역할을 하기 때문이다. 보기 "Je n'ai pas de disques"(내게는 음반이 없다)라는 문장에서 "des"(관사)가 "de"[2]로 바뀌는 것은 단순한 형태상의 변화가 아니라 문장이 부정문일 때 일어난다.

이처럼 통어론은 단어들 간의 관계를 연구하는 분야이기 때문에, 모든 일치현상은 통어론에 속한다. 형태론과 통어론 사이에는 밀접한 관계가 있기 때문에 어떤 언어학자들은 이 둘의 구분을 임의적으로 취급하기도 한다.

> Il existe d'autres variations morphologiques (forme **tonique** (= accentuée) / **atone** (= inaccentuée) : *me* / *moi*, variations liées à la fonction : *que* / *qui*, *il* / *le* / *lui*).

역주2) 귀스타브 기욤(G. Guillaume)은 이 경우의 "de"를 '역류사'(inverseur)라고 명명하였다. 이것은 제로상태의 외연을 표현한다.

Ce qu'il faut retenir, c'est que la morphologie et la syntaxe sont très étroitement liées, d'où le terme **Morphosyntaxe**. Si la forme change, c'est souvent parce que la syntaxe joue un rôle important : la réduction de *des* à *de* dans une phrase comme *je n'ai pas de disques* n'est pas simplement formelle. Elle est dépendante du contexte négatif.

De même, comme la syntaxe étudie les relations existant entre les différents mots, tous les phénomènes d'accord participent de la syntaxe. Ce lien étroit entre les deux disciplines est tel que certains linguistes considèrent cette distinction comme arbitraire.

1.2. 통어론적 규칙

1.2.1. 통어론의 대상

통어론(**syntaxe** : 그리스어에서의 syn = 함께, taxis = 정리·정돈)이란 어원적으로 보면, 라틴어의 '구성'(con + struction)과 유의어이다. 이것은 어순에 관한 규칙, 단어 간의 관계에 관한 규칙, 단어의 기능에 관한 규칙들을 다루며, 따라서 통어론은 결국 문장의 의미(sens)를 잘 만들도록 하는 것이다.

어순(ordre des mots)은 언어에 따라 다르다. 카프카(Franz Kafka)의 『변신』(*La Métamorphose*)의 한 대목과 프랑스어 번역을 비교해 보면 다음과 같다.

> *Als Gregor Samsa eines Morgens aus unruhigen Traümen*
> Lorsque Gregor Samsa un matin au sortir de agités rêves
> 그레고르 삼싸가 어느 날 아침 어지러운 잠에서

erwachtete, fand er sich in seinem Bett zu einem ungeheueren
s'éveilla, trouva il se dans son lit en un monstrueux
깨었을 때, 그는 자신이 그의 침대에서 징그러운

Unbeziefer verwandelt.
insecte métamorphosé.
벌레로 변해 있었다.

가장 눈에 띄는 차이로 동사의 위치를 꼽을 수 있다. 독일어에서 동사 "erwachtete"는 종속절의 끝에 놓이고, "fand"는 종속절에 선행하는 주절의 끝에 놓이지만, 프랑스어에서 이 두 동사는 각각 주어 바로 뒤에 놓인다.

또한, 품질을 나타내는 부가형용사(adjectif qualificatif épithète)의 위치도 다르다. 영어처럼 독일어에서도 부가형용사는 언제나 명사 앞에 놓이지만, 프랑스어에서는 경우에 따라 그 위치가 다르며, 의미도 달라진다. 부가형용사(adjectif épithète)가 명사 앞에 놓일 때는 여러 가지 이유가 있겠으나, 그 중에서도 다음과 같은 2가지 원칙이 있다.

① 전치형용사는 명사가 갖고 있는 의소를 부각시킨다.

보기 명사구 "la verte vallée"(푸른 계곡)에서, "verte"(푸른)에는 단어 "vallée"(계곡)가 {푸르다}라는 의소가 있기 때문에 전치되었다. 바로 이런 이유로, "Blanche-Neige"(백설공주)나 "le Petit Poucet"(엄지동자)의 경우와 "Barbe-Bleue"(푸른수염)[3]의 경우가 다른 것이다.[4]

역주3) "Barbe-Bleue"(푸른수염)는 17세기 작가 샤를르 페로 작품(1697)의 남자 주인공이다. 주인공은 6명의 처를 죽이고 7번째 처를 살해하려다 오히려 피살된다.

역주4) "Blanche-Neige"(백설공주)와 "le Petit Poucet"(엄지동자)의 부가형용사인 "blanche"

"Le bouillant Achille"(격정적인 아킬레우스)라는 표현에서도 마찬가지로, "bouillant"은 품성(nature)을 나타내는 부가형용사(épithète)로 쓰였는데, 『일리아드』(*Iliade*)의 핵심주제가 바로 이 영웅의 분노에 대한 것이듯, 이 형용사는 아킬레우스의 격정적인 품성을 반복적으로 표현하고 있다.

> ❦ l'adjectif antéposé développe un sème contenu dans le substantif. Dans le groupe nominal *la verte vallée, verte* est antéposé car le mot vallée contient le sème {vert}. C'est là toute la différence entre, d'un côté, *Blanche-Neige* ou *le Petit Poucet* et de l'autre, *Barbe-Bleue*. Il en va de même dans des expressions comme *le bouillant Achille* où *bouillant* fonctionne comme épithète de nature : il est dans la nature d'Achille d'être bouillant (la colère du héros homérique est l'épisode central de *l'Iliade*) ;

② 전치형용사에는 형용사 본래의 의미가 없어진다.

전치형용사는 비유적인 의미를 취하거나, 혹은 수량부사(quantitatif) 또는 강조부사(intensif) 등의 부사적 기능을 획득하기 위해 품질형용사(qualificatif)로서의 역할을 잃게 된다.

보기 "les vertes années"(청년시절)에서 "vertes"(푸르다)는 "jeunes"(젊다)라는 비유적 의미로 쓰였으므로 전치된 것이다. 또한, "le Vert-Galant" (원기왕성하고 여자에게 친절한 남자 ; 프랑스의 국왕 앙리4세의 별칭)에서

(희다)와 "petit"(작다)는 각각 그것이 수식하고 있는 명사 "neige"(눈)와 "poucet"(엄지)에 이미 내포되어 있는 의소를 부각시키고 있다. 이런 경우는 전치되지만, "Barbe-Bleue"(푸른수염)의 경우는 그렇지 않으므로 부가형용사"bleue"(푸르다)는 명사 뒤에 놓인 것이다.

"vert"는 "gaillard"(원기왕성한)이라는 비유적 의미(sens figuré)로 쓰였으며, 또한 명사 "galant"(여자에게 친절한 남자)에 있는 의소를 부각시키고 있기 때문에 명사 앞에 놓인 것이다.

부사적 가치를 갖고 있는 또 다른 예를 살펴보면,

- "un bon kilo"(1kg이 조금 넘는) : 형용사 "bon"은 비유적 가치와 수량적 가치를 동시에 지니고 있다.
- "une belle menteuse"(깜찍한 거짓말쟁이) : 형용사 "belle"은 비유적이며 의미확대적 가치를 지닌다.
- "une incroyable nouvelle"(믿기 어려운 소식) : 형용사 "incroyable"은 접두사 "in-"와 접미사 "-able"로 구성된 많은 형용사들처럼, 강조의 가치를 지닌다.

> l'adjectif antéposé n'a plus son sens propre : il prend un sens figuré ou perd son rôle qualificatif pour acquérir un fonctionnement adverbial : quantitatif, intensif··· Dans *les vertes années*, *vertes* a le sens figuré de *jeunes* et dans *le Vert-Galant* (surnom de Henri IV), *vert* est antéposé d'une part à cause de son sens figuré de *gaillard*, d'autre part parce qu'il développe un sème contenu dans *galant*. Pour ce qui est de la valeur adverbiale, on la retrouve dans des exemples comme *un bon kilo* (l'adjectif a à la fois valeur figurée et quantitative), *une belle menteuse* (*belle* : valeur figurée et augmentative), *une incroyable nouvelle* où *incroyable*, comme beaucoup d'adjectifs ayant comme préfixe *in-* et comme suffixe *-able*, se charge d'une valeur intensive.

위의 여러 가지 사례를 통해서, 통어론과 의미론이 합쳐져 있는 심층 관계(lien profond)가 드러난다.

문장은 구성(construction)의 장소이며, 계층적인 조직(organisation hiérachique)의 장소이다. 단어는 서로 의존관계(liens de dépendence)로 엮어진다. 어떤 단어는 문장에 꼭 필요하기 때문에 핵(noyau)으로서 문장을 구성하기도 하며, 어떤 단어들은 핵을 확장(expansions)하는 데에만 관계하는 것도 있다.

프랑스어의 기본적인 최소문(phrase minimale) 중에서 가장 빈번한 3가지 경우는 다음과 같다.

- 주어(sujet) + 자동사(verbe intransitif)
- 주어(sujet) + 동사(verbe) + 목적보어(complément d'objet)
- 주어(sujet) + 동사(verbe) + 주어의 속사(attribut du sujet)

그러나 실제로는 흔히 더 복잡하다. 다음 문장들을 비교하여 보자.

a) *Je vais au bord de la mer.*
(나는 해변가에 간다.)

Je me promène au bord de la mer.
(나는 해변가에서 산책한다.)

b) *Je mange un gâteau.*
(나는 과자를 먹는다.)

Je savoure un gâteau.
(나는 과자를 맛본다.)

a)에는, 이동동사(verbes de mouvement)와 전통문법에서 장소의 상황보어(compléments circonstanciels de lieu)라고 명명하는 문장의 확장소들(expansions)이 뒤따르고 있는데, 이것들은 전통문법에서는 생략 가능하다고 분석한다.

b)에는, 의미가 비슷한 행위동사(verbe d'action)와 직접목적보어(COD)가 있다. 이 2가지 요소들은 문장의 구성상 필수요소들(éléments essentiels)이다.

그런데 "aller(가다)"와 "se promener"(산책하다)는 모두 자동사(intransitifs)이긴 하지만, 서로 다르게 기능한다. "*Je vais"(나는 간다)는 바람직하지 못한 표현이다. "aller"(가다) 동사는 일부 경우를 제외하고는(보기 ça va 잘 지내다), 목적지나 방법 등을 표시해주는 단어가 반드시 보충되어야 한다. 반면에, "Je me promène"(나는 산책한다)는 옳은 문장이다. 마찬가지로, "*Je savoure"(나는 맛본다)는 반드시 직접목적보어를 필요로 하지만, "Je mange"(나는 먹는다)에서 "manger"(먹다) 동사는 자동사처럼 사용할 수 있기 때문에 옳은 문장이다.

그러므로 모든 통어론적 분석에서는 분류 목록을 의심해야 한다. 언어가 잘 만들어져 있는 하나의 체계라고는 하지만 복잡하다. 왜냐하면 언어체계는 계속 변하기 마련이며, 또한 경계개념이 체계를 거부하기 때문이다.

보기 "Si tu viens"이 중성대명사 "le"(그것)로 반복되어있는 "Si tu viens, dis-le-moi."라는 문장을 살펴보자.

이것은 2가지 통어론적 해석이 가능하다.

첫째, "네가 온다면"(si tu viens)을 "말하다"(dire)의 직접목적보어(COD)가 되어, 간접의문문(interrogative indirecte)으로 해석하는 경우: "Dis-moi si tu viens"(네가 올지 안 올지 내게 말해다오).

둘째, "네가 오면"(Si tu viens)을 가정의 상황절로 보아서, "Au cas où tu viendrais, dis-le-moi."(네가 올 경우에는 내게 네가 온다는 것을 말해다오)로 해석하게 된다. 이러한 2가지 해석은 배타적이기 보다는 오히려 공존하며, '가정'(hypothèse)과 '의문'(interrogation) 간의 관계를 드러내주는데, 이러한 관계는 동일한 종속사 "si"의 사용에서 볼 수 있다.

앞 장에서 "un savant Anglais"(박식한 영국인)과 "un savant anglais"(영국인 학자)를 비교해 본 바와 같이, 통어론에서는 글말(écrit)은 구두법(ponctuation), 입말(oral)은 휴지(pause)나 연음(liaison)을 통해서 구별할 수 있다.

마찬가지로, 쉼표(virgule) 혹은 입말에서의 휴지(pause)만으로도 통어론을 변형시킬 수 있고, 문장의 해석도 달라질 수 있다.

보기 "Les enfants(,) qui mangent beaucoup de bonbons, ont des caries"에서 관계절(proposition subordonnée relative) 앞에 쉼표가 있다면, "enfants"(아이들)의 동격 관계종속절 "qui mangent beaucoup de bonbons"은 설명적 가치를 갖게 되어 '아이들은 충치가 있는데 그 까닭은 아이들이 사탕을 많이 먹기 때문이다'로 해석된다. 이 경우는 "모든"(tous) 아이들이 관련된다.

쉼표가 없는 문장에서는 관계절의 가치가 축소되고 한정되어, 아이들 가운데 사탕을 많이 먹은 아이들"만"(seuls) 충치가 있다고 해석된다.

이처럼 쉼표에 의해서 관계절과 관사의 입지가 달라지는데, 전자의 경우에 관사는 일반성(généralité)의 가치를 가지고, 후자의 경우에서는 예고적(cataphorique) 가치, 즉 관사가 한정적인 관계절(relative déterminative)을 미리 알리는 전(前)한정적(prédéterminant) 가치를 갖는다.

De même, une simple virgule -une pause à l'oral- suffit à modifier la syntaxe et donc le sens de cette phrase : *Les enfant* (,) *qui mangent beaucoup de bonbons, ont des caries*. Avec une virgule, la proposition subordonnée relative apposée à *enfants* a valeur explicative : les enfants ont des caries parce qu'ils mangent beaucoup de bonbons. Il s'agit de *tous* les enfants. Sans virgule, la relative a valeur restrictive, déterminative : parmi les enfants, *seuls* ceux qui mangent beaucoup de bonbons ont des caries. La virgule modifie ainsi le statut de la relative et partant, de l'article qui, dans le premier cas, aura valeur de généralité et, dans le second cas, aura valeur cataphorique (cataphore = fait d'annoncer), valeur de prédéterminant en ce qu'il annonce la relative déterminative.

이로써 통어론(syntaxe)과 의미론(sémantique)이 얼마나 서로 밀접하게 관련이 있는지, 또 언어체계(système de la langue)가 얼마나 정교한지를 알 수 있다. 여러 가지 다양한 통어론적 접근이 행해져서 계승되거나 반목되거나 보충되었다. 그 중에 몇 가지만 간단히 소개해 보자.

1.2.2. 통어론적 접근

◎ 의존문법(grammaire de dépendance)
cf. 테니에르(Lucien Tesnière, 1893-1954)

테니에르(L. Tesnière)에 의하면 문장을 이루는 단어들 간에는 의존관계(rapports de dépendance)가 있는데, 그는 스테마(**stemmas** : 의존관계도)라고 명명한 도식으로 그 관계를 설명하였다. 단어 간에는 계층적인 연접(**connexions**)이 있다.

보기 "Mon enfant marche"(나의 아이가 걷는다)라는 문장에서 가장 상위마디(noeud supérieur)는 "marche"(걷는다)이며, 이것이 "enfant"(아이)를 지배하고, "enfant"(아이)은 "mon"(나의)를 지배한다.

위 예문의 의존관계도는 다음과 같다:

marche (걷는다)
|
enfant (아이)
|
mon (나의)

다른 연접(connexion)으로는 대용(**anaphore** : 앞서 나온 것을 환기)이 있다. 테니에르는 이를 점선(trait pointillé)으로 표시했다.

테니에르는 단어들을 두 범주 – 실어(mots pleins)와 공어(mots vides)로 분류하였다. 실어(mots pleins)에는 명사(테니에르는 명사를 O로 표시), 형용사(A), 동사(I), 부사(E) 등이 속하며, 공어(mots vides)에는 연속사(**jonctifs**)와 전환사(**translatifs**)가 있다. 연속사에는 등위접속사(coordonnants)가 있고, 전환사에는 종속접속사(subordonnants), 전치사(prépositions), 조동사(verbes auxiliaires), 관사(articles), 접미사(suffixes), 동사어미(désinences) 등이 있는데, 이것들은 실어의 범주를 전환시키는 기능을 한다.

전환(**translation**)에는 여러 가지 유형이 있다.

■ 1차 전환 : 부사를 명사로 전환시키는 경우

보기 bien- (好-) > le bien (善).

■ 2차 전환 : 보기 종속(subordination).

1차 전환은 단일하거나 이중적 혹은 사중적일 수도 있다. 명사구 "des petits pois à la française"(프랑스식으로 요리된 완두콩)에서 "à la française"는 4중 전환에 의한 것이다.

Tesnière classe les mots en deux catégories : les mots pleins et les mots vides. Les premiers sont les substantifs (notés O), les adjectifs (A), les verbes (I) et les adverbes (E). Parmi les mots vides, il distingue les jonctifs (coordonnants) des translatifs (subordonnants, prépositions, verbes auxiliaires, articles, suffixes et désinences) dont la fonction est de transformer la catégorie des mots pleins. Il existe différents types de translations : celles du premier degré qui transforment par exemple un adverbe en substantif (*bien- > le bien*) et celles du second degré, c'est-à-dire de la subordination. Les translations du premier degré peuvent être simples, doubles, voire quadruples. Ainsi, *à la française* dans le groupe nominal *des petits pois à la française*, est l'objet d'une translation quadruples :

즉, "franç-"(O = 명사 : France) > "française"(A = 형용사) > "la française" (O : 관사에 의해 명사화된 형용사) > "à la française"(E = 부사 : 양태의 상황소로 기능) > "à la française"(A : '요리된'라는 의미가 생략된 형용사). "petit pois à la française"는 "petit pois [typiquement] française"([전형적으로] 프랑스식으로 요리된 완두콩)을 의미한다.

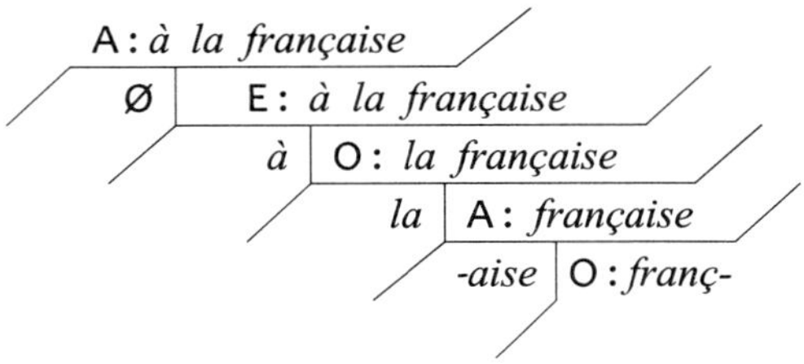

2차 전환은 이중선(double trait)으로 표시한다.

보기 "L'homme qui marche dans la rue cherche son chemin"(거리를 걷고 있는 그 남자는 길을 찾고 있다)라는 문장에서, 관계절은 형용사로서 기능한다. 이 관계절을 이끌고 있는 "qui"(주격 관계대명사)는 전환적 기능을 갖고 있는 "qu-"와 대용적 기능을 하고 있는 "-i"로 나뉜다. 이때 "-i"는 "son"(그)과 같이 "homme"(남자)를 대용한다.

위 문장의 의존관계도(stemma)는 다음과 같다.

: 연접 표지

: 1차 전환
(왼쪽 요소 = 전환사, 오른쪽 요소 = 전환대상어)

: 2차 전환

: 대용 표지

: 한 단어의 구성요소들을 연결한 것

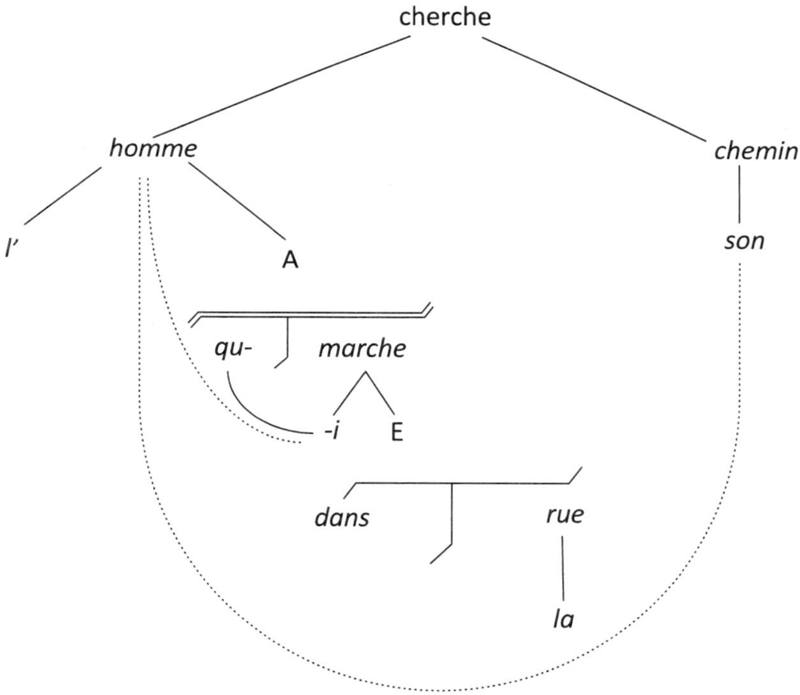

이와 같이, 문장은 가장 흔히 동사마디(nœud verbal : 사행 procès을 표현하는 것)에 의해, 항(**actants** : 사행에 관여하는 사람이나 사물)에 의해, 상황사(circonstants : 사행이 진행되는 상황을 표현)에 의해 만들어진다.

동사에 의해 정해질 수 있는 항의 수는 바로 그 동사의 풀이항(**valence**)을 구성한다. 가령, 동사 "donner"(주다)는 삼중풀이항, 즉 3개의 항을 가지는데, 전통문법에서 주어, 직접목적보어, 간접목적보어라고 불리는 것이다.

테니에르가 보여준 모델은 '항'의 개념으로 주목받았으며, 또 다차원적 통어론과 문장의 선조성(linéarité)을 구분한 점에 대하여 주목을 받았다. 그러나 그가 통어론과 의미론을 분리시키고 또 의미론과 어휘론을 혼동한 것에 잘못이 있으며, 또한 문법소를 '공어'(mots vides)로 잘못 취급한 것과 언어의 발화행위 영역을 무시한 것에 단점이 있다.

Une phrase est ainsi constituée le plus souvent d'un nœud verbal (qui exprime le procès), d'**actants** (êtres ou choses qui participent de quelque manière au procès) et de circonstants (qui expriment les circonstances dans lesquelles se déroule le procès). Le nombre d'actants que le verbe est susceptible de régir constitue la **valence** du verbe. Par exemple, le verbe *donner* est trivalent (verbe à trois actants correspondant dans la grammaire traditionnelle au sujet, au COD et au CO Second).

◎ 분포주의 언어학(linguistique distributionnelle)

cf. 블룸필드(Bloomfield) & 해리스(Harris)

이것은 문장의 요소들과 이 요소들의 분포(**distributions**)에 관련된 규칙들을 이끌어내는 기술적인 분석을 다룬다. 요소의 분포는 요소 전후 환경들의 조화이다. 가령, "nous chantons"(우리는 노래한다)에서 "nous"와 "-ons"은 "chant-"의 두 환경에 해당한다. 이처럼 동일하거나 비슷한 분포를 가지는 요소들은 분포층(classes distributionnelles)을 이루는데, 이것으로 한 언어의 규칙들을 정한다. "bien que"(~에도 불구하고)나 "encore que"(~에도 불구하고)처럼 아주 유사하게 기능하는 요소들의 분포를 비교하여서 각 접속사구(locutionss conjonctives)의 특징을 규정하게 된다.

의존문법처럼, 문장은 구조적인 방식으로 다루어지며, 직접 구성성분(constituants immédiats)으로 분석된다. 직접 구성성분 분석(**analyse en constituants immédiats**.= ACI)은 문장을 2개의 요소 또는 통합구(**syntagmes**)로 나누는데, 이것들이 직접 구성성분들이다. 통합구는 다시 분할가능하며, 형태소(**morphèmes =** 최소 시니피앙 signifiants minimaux)까지 계속 분할된다. 테니에르의 스테마(의존관계도)가 범주별 계층에 따라서 문장의 요소들을 보여주는 반면, 직접 구성성분 분석은 한 문장을 가장 큰 단위에서부터 가장 작은 단위까지의 구성성분들로 분할하여 보여준다.

Comme dans la grammaire de dépendance, la phrase est présentée de façon structurelle analysée en constituants immédiats. L'**analyse en constituants immédiats** (notée ACI) segmente la phrase en deux éléments ou **syntagmes** qui sont les constituants immédiats. Ces syntagmes sont à leur tour fragmentables et ainsi de suite jusqu'aux signifiants minimaux, appelés **morphèmes**. Alors que les stemmas de Tesnière présentent les éléments de la phrase selon une hiérarchie catégorielle, l'ACI décompose une phrase en ses constituants, des plus larges aux plus petits.

보기 "*Les enfants qui mangent des bonbons ont des caries*"(사탕을 많이

먹는 아이들에게는 충치가 있다)를 직접 구성성분 분석을 해보면 다음과 같다.

- 문장(P) → 명사통합구(SN) + 동사통합구(SV)

  P: *Les enfants qui mangent des bonbons* + *ont des caries*

- SN → 한정사(Dét.) + 명사구(GN)

  SN: *Les* + *enfants qui mangent des bonbons*

- GN → 명사(Sub.) + 형용사 통합구(SA)

  GN: *enfants* + *qui mangent des bonbons*

- SA → K-(종속절 도입) + P

  SA: K- + *qui mangent des bonbons*

- P → SN + SV

  P: *qui* + *mangent des bonbons*

- SV → 동사(V) + SN

  SV: *mangent* + *des bonbons*

- SN → Dét. + Sub.

  SN: *des* + *bonbons*

- SV → V + SN

  SV: *ont* + *des caries*

- SN → Dét. + Sub.

  SN: *des* + *caries*

도표로 보이면 다음과 같다.

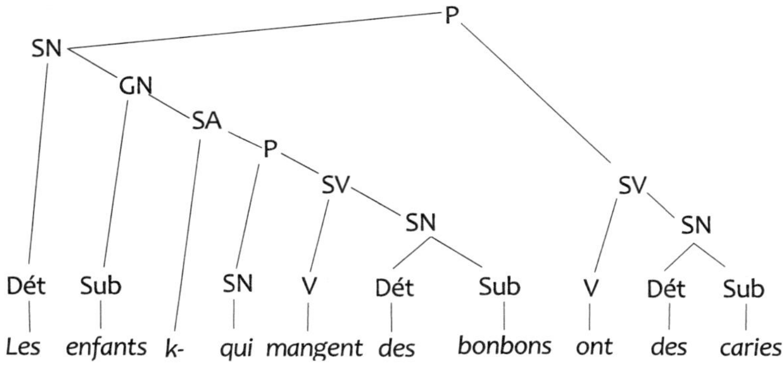

관계사 'qui' 이하의 관계절을 한정적으로 보지 않고 동격(appositive)으로 해석한다면 직접 구성성분 분석도 아래와 같이 달라진다.

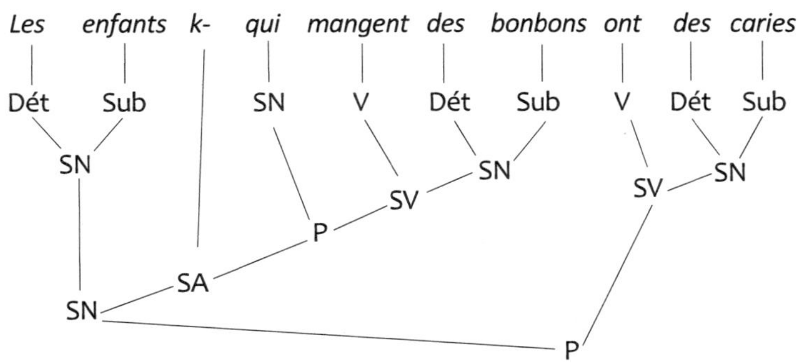

직접 구성성분 분석이 테니에르의 분석을 보충해주기는 하지만 이 역시 단점이 있다. 분포론적 접근은 의미에 대하여 분석할 수 없으며, 중의성(ambiguïté), 환언(paraphrase), 상황(contexte)의 문제를 설명해주지 못한다. 따라서 보어로 쓰이는 '전치사 de + 명사'의 해석이 간혹 모호한 경우가 있다. 즉, 주어의 속격(**génitif subjectif**)으로서 사행의 동작주(agent)가 되거나 또는 목적어의 속격(**génitif objectif**)으로서 사행의 피동소(patient)가 되는 경우이다.

보기 "la crainte des dieux"(신의 두려움) : 2가지로 해석가능하다.

- '신들이 무서워하는 두려움'(les dieux craignent) : 신들이 두려워하다
- '신들이 불러일으키는 두려움'(on crainte les dieux) : 사람들이 신들을 두려워하다

이와 같이, 주어의 속격(**génitif subjectif**)과 목적어의 속격(**génitif objectif**)이 직접 구성성분 분석에서는 동일하게 처리된다. 또한, 어떤 동사들은 무생물을 주어로 취할 수 없음에도 불구하고 이것을 직접 구성성분 분석에서는 전혀 표시할 수 없다.

이러한 문제들이 당시 해리스(Harris)의 제자였던 촘스키(Chomsky)로 하여금 더 복잡한 규칙들을 만들고 '변형'(transformation)의 개념을 도입하여 변형생성문법의 기초를 세우도록 하였다.

◎ 변형생성문법(grammaire générative et transformationnelle)
cf. 촘스키(Noam Chomsky)

이 문법은 모든 문장에 대하여 일련의 다시쓰기규칙(règles de réécriture)과 일련의 변형(**transformations**)을 제시한다. 다시쓰기규칙을 통하여 심층구조(**structure profonde**)가 만들어지고, 변형을 통해서 표층구조(**structure de surface**)가 도출된다. 음운형태론적 해석은 표층구조에서 적용된다.

다시쓰기규칙은 하나의 범주적 상징(un symbole catégoriel)을 일련의 상징들(une suite de symbole)로 전개시티는 작용을 한다. 변형은 다시쓰기규칙에 의해 얻어진 마지막 언연쇄체(séquences)에 대하여 이동(déplacements), 삭제(effacements), 일치(accords) 등의 방법을 통해 올바르게 만들어진 하나의 문장을 도출하는 작용을 한다.

Elle propose, pour toute phrase, une suite de règles de réécriture aboutissant à une **structure profonde**, et une suite de **transformations** conduisant à une **structure de surface**, lieu de l'interprétation morphophonologique.

Les règles de réécriture sont des opérations qui permettent de développer un symbole catégoriel en suite de symboles. Les transformations sont des opérations qui transforment la dernière séquence des règles de réécriture en une phrase correctement formée, au moyen de déplacements, d'effacements, d'accords.

보기 다시쓰기규칙(règles de réécriture)과 변형의 차이를 잘 이해하기 위하여, "Le chat mange les souris"(고양이는 쥐들을 먹는다)라는 문장을 살펴보자. 먼저, 다시쓰기규칙에 의해서 위 문장의 심층구조가 도출된다.

P → SN(명사통합구) + SV(동사통합구)
(*Le chat* + *mange les souris*)

SN → Nbre(수) + GN(명사구)
(Sing. + *Le chat*)

GN → Dét.(한정사) + Sub.(명사)
(*Le* + *chat*)

SV → Tps-Pers.(시제-인칭) + GV(동사구)
(Prés.-3^{e}pers. (3인칭 현재시제) + *manger les souris*)

GV → V(동사) + SN(명사통합구)
(*manger* + *les souris*)

SN → Nbre(수) + GN(명사구)
(Plur.(복수) + *la souris*)

GN → Dét.(한정사) + Sub.(명사)
(*la* + *souris*)

그러므로 위 문장의 심층구조는 다음과 같다.

Sing. + *Le* + *chat* + Prés.-3^{e}pers. + *manger* + Plur. + *la* + *souris*

이때, 심층구조는 일련의 변형에 의해 2가지 표층구조 (능동문과 수동문)를 가질 수 있는데, 능동태(voix active)일 경우는 2가지의 일치변형(accord)과 한 가지의 접어변형(affixe)을 거치게 된다.

■ **일치변형**(transformation d'accord)

① Sing.(단수) + *Le* (정관사) + *chat* (고양이)
→ *Le* -sing. + *chat* -sing.
(명사가 단수이므로 관사를 단수로 일치시킴 + 단수명사 "chat")

② Plur.(복수) + la(정관사) + souris(쥐)
→ *la* -plur. + *souris* -plur.
(명사가 복수이므로 관사를 복수로 일치시킴 + 복수명사 "souris")

■ 접어변형(transformation d'affixe)

Prés. -3e pers. (3인칭 현재시제) + *manger*(먹다)
→ *manger* + Prés. -3^{e}pers.
(manger를 3인칭 현재시제로 접어변형시킴)

수동태의 경우는 다음과 같이 명사구(SN)들을 교체시켜야 하며, “être + 과거분사”를 삽입해야 하고, 주어와 동사를 일치시켜야 하며, 두 명사구(SN)들에 대하여 일치변형과 이중의 접어변형을 시켜야한다.

Prés.-6^{e}pers.(6인칭 현재시제) + *être* (수동태를 구성하는 조동사)
→ *être* + Prés. -6^{e}pers. & p. passé(과거분사) + *manger*(먹다)
→ *manger* + p. passé.

일단 모든 변형이 적용되고 나면, 올바른 문장을 도출하기 위해 음운형태규칙이 개입되어 “Le + chat + mange + les + souris”(고양이는 쥐들을 먹는다)라는 문장과 “Les + souris + sont + mangées + par + le + chat”(쥐들이 고양이에 의해 먹힌다)라는 문장이 얻어진다.

변형가운데 어떤 것들은 의무적으로 적용되는 것이 있는데, 평서형(déclaratif), 긍정형(affirmatif), 능동형(actif)의 핵문(phrases nucléaires)을 도출하는 변형들이다.

나머지는 임의적인 것들이어서 의문문(interrogatives), 부정문(négatives), 수동문(passives) 등의 문장을 도출할 때 적용된다.

촘스키의 이론은 심층구조의 보편성(universalité)에 그 가설(postulat)을 두고 있는데, 이것은 17세기의 포르-루아얄(Port-Royal) 문법에서 나온 언어의 보편적 특성에 대한 가설과 상통한다. 이것은 유한 수의 규칙이 어느 한 언어의 문법에 부합되는 문장의 총체를 생성(**générer**)할 수 있다는 것이다. 생성문법은 언어능력(**compétence**)에 관한 문법으로서, 이것은 «화자 겸 청자가 모국어에 대하여 가지고 있는 지식»(la connaissance que le locuteur-auditeur a de sa langue)을 말하며, 언어능력이 «구체적인 여러 상황에서 실제로 사용되는 것»(utilisation réelle dans des situations concrètes)을 언어수행(**performance**)이라고 한다. (cf. Chomsky, 1965)

La théorie chomskyenne repose sur le postulat de l'universalité des structures profondes qui rejoint celui des universaux de langage émis par la grammaire de Port-Royal (au XVIIe siècle). Un nombre fini de règles est capable de <u>générer</u> l'ensemble des phrases grammaticales d'une langue. La grammaire de générative est une grammaire de la **compétence**, c'est-a-dire de «la connaissance que le locuteur-auditeur a de sa langue», s'opposant à la **performance**, «utilisation réelle dans des situations concrètes» de la compétence (Chomsky, 1965).

심층구조라는 개념은 직접 구성성분 분석에서의 난점을 해결해준다. 가령, 동일한 하나의 표층구조로 표현되어 있지만 여러 가지로 해석 가능한 다수의 심층구조를 찾아볼 수 있다. 역으로, 2가지 표층구조, 즉 능동문과 수동문으로 표현될지라도 하나의 동일한 심층구조인 것을 알 수 있었다.

처음에 소개된 생성문법론은 의미론에 대하여 다루지 않았다. 이러한 결핍을 만회하기 위하여 촘스키는 어휘규칙(règles lexicales)을 삽입시키면서 이론을 많이 개선시켰는데, 이는 결국 통어론과 의미론을 별개로 나눌 수 없음을 증명한다.

1.3. 어휘규칙

1.3.1. 의소의 일관성

하나의 시니피에(기의)는 변별자질들, 즉 의소들의 다발로 이루어져 있음을 보았는데, 하나의 문장을 수용하려면 해석 가능해야 한다. 따라서 의소에는 일관성이 있어야 한다. "Mon livre pleure"(나의 책이 울고 있다)라는 문장은 선험적으로 해석불가한(ininterprétable) 것으로 취급된다. 그 이유는 명사의 총칭적 의소 {비생물체}(inanimé)와 동사의 총칭적 의소 {생물체}(animé) 사이에 모순이 있기 때문이다.

On a vu qu'un signifié était constitué d'un faisceau de traits distinctifs, les sèmes. Or, pour qu'une phrase soit recevable, elle doit être interprétable et donc respecter une cohérence sémique. Ainsi, une phrase comme *Mon livre pleure* sera *a priori* considérée comme ininterprétable, parce que le sème générique {inanimé} contenu dans le substantif est en contradiction avec le verbe qui implique un sujet ayant pour sème générique {animé}.

그래서 촘스키는 자신의 이론을 수정하여 심층구조를 만들어내는 기저부(composante de base)에 하위범주화(sous-catégorisation) 규칙과 어휘삽입(insertion lexicale) 규칙을 담당하는 하위어휘부(sous-composante lexicale)를 설정하였다. 이제 문장은 단순히 "Dét.(한정사) + Sub.(명사) + V(동사)"같은 문법범주들(catégories grammaticales)의 연속인 것뿐만 아니라, 이들 간에 양립가능한(compatibles) 시니피에들의 연속인 것이다.

각 명사는 다음과 같이 의소(sèmes)에 의해서 하위범주화 될 것이다.

보기 "enfant"(아이) : {생물체(animé), 인간(humain), 비추상체(non abstrait)...}.

동사와 품질형용사들은 이것들과 양립할 수 있는 항(actants)에 따라 하위범주화될 것이다.

『프랑스어 보전(寶典)』(*Trésor de la langue française*)과 같은 현대 사전의 대다수 항목들을 보면, 통어론과 의미론을 섞어서 단어의 어의(acception)를 설명하고 있음을 볼 수 있다.

보기 "flamber"[5]라는 항목을 보면, 이 동사가 자동사로 쓰이는 경우에 관해 정확히 설명하고 있다. 즉, 주어가 '사물'이며 동시에 전치사 "de"에 의해 도입되는 보어가 '빛'이나 '색깔'일 때, 이 동사는 "반짝이다"(chatoyer)라는 뜻을 표현한다고 설명하고 있다.

1.3.2. 어휘규칙의 난점

이러한 어휘규칙의 삽입을 만일 생성단계(démarche générative)에서 더욱 관여적이 되도록 하려면 규정하기가 아주 곤란해진다. 왜냐하면, 단어란 일반적으로 다의적이며 또한 모든 종류의 문장을 용납하는 비유적 사용이 가능하기 때문이다. 그러므로 수용가능한(recevables) 문장과 수용불가한(irrecevables) 문장이 별도로 존재하는 것이 아니라, 해석에 있어서 다소간의 차이만이 있을 뿐이다. 모든 것은 화자의 언어

역주5) flamber: I.(v.tr.) (불에) 굽다, 태우다, 그슬리다;
II.(v.intr.) ① (불꽃을 내며) 타다 ② (금속 따위가) 휘다, etc.

능력(compétence)과 상상력(capacités imaginatives)에 좌우된다.

보기 "Caresser un projet"(계획을 품다) : "caresser" 동사의 비유적 용법을 알지 못하는 화자에게는 이 동사가 반드시 의소 {구상체}(concret)를 가진 보어와 결합해야 한다고 보기 때문에 의미적으로 수용불가한 것으로 볼 것이다.

마찬가지 예로, 기욤 아폴리네르(Guillaume Apollinaire)의 시집 『술』(*Alcools*)에 수록되어 있는 「지대」(Zone)라는 시의 제2행을 보면,

> "Bergère ô tour Eiffel le troupeau des ponts bêle ce matin"
> (양치기소녀여 오 에펠탑이여 다리들의 무리[6])가 오늘 아침에 우누나)

위 문장이 은유적 표현으로 이루어져 있다는 것을 알 때만 이해가능하다. 여기서 {도시적}(urbain)이라는 의소를 내포하고 있는 '에펠탑'과 '다리들'이라는 단어들과 {시골적}(rural)이라는 의소를 내포하고 있는 '양치기소녀', '무리', '(양이) 울다'라는 단어들이 서로 결합되어 있는데, 이 두 음소는 모순된다. 이처럼 초현실주의자들(surréalistes)과 이들의 선구자 랭보(Rimbaud)는 텍스트의 의소들의 일관성, 이를테면 의미의 동위성(isotopie)를 종종 파기해 왔다.

시편 『영감』(*Illuminations*)에 실려 있는 「새벽」(Aube)의 첫 행을 보아도 마찬가지다.

> "J'ai embrassé l'aube d'été."
> (나는 여름의 새벽에 키스했다.)

역주6) 다리모양을 한 에펠탑의 하부구조를 양떼에 비유한 시적 표현이다.

위에서 '새벽'은 {비생물체(inanimé), 비구상체(non concret), 무제한(illimité)}이라는 의소들을 갖고 있는데, 이는 동사 'embrasser'(키스하다)가 갖고 있는 의소들과는 모순된다. 텍스트를 해석하는데 난점의 근원이 되는 것 중의 하나는 바로 이러한 의미적 이질성(hétérogénéité)에서 비롯된다.

2. 문장속의 단어

2.1. 잠재에서 현동으로

2.1.1. 랑그에서 화언으로

실제로 인식하지는 않지만 문장을 발화한다는 것은 사실 엄격한 규칙에 따라 – 물론 규칙들이 흔히 남용·왜곡되기도 하지만 – 단어들을 조합하는 것이다. 사전이란 가능상태에 있는 단어들의 목록인데, 이러한 잠재적(**virtuels**) 단어들이 문장 속에서 사용될 때 비로소 현동된다(**actualise**).

"나 사과 원하다"(moi vouloir pomme)라는 발화내용은 의미적으로는 확실히 이해가능하지만, 문법적으로는 완전히 비문법적이라고 볼 수 있다. 이 세 단어는 랑그(langue) 차원에서 존재하고 있지만, 담화(discours)에서 사용되기 위해서는 관사 삽입, 무강세 인칭대명사에 뒤따르는 동사활용의 일치 등의 몇 가지 수정(modifications)을 거쳐야만 한다. 그리하여 "나는 사과 하나를 원한다"(Je veux une pomme)라는 표현이 도출된다. 이처럼 관사는 명사를 현동시켜주는 현동사(**actualisateur**)가 되며, 직설법은 동사의 사행을 현동시키기 때문에 동사의 현동사가 된다.

"나는 사과 하나를 원한다"(Je veux une pomme)라는 문장에서 관사는 문법적으로 필수요소이다. 그러나 문법에 위배됨이 없이 관사가 생략되는 문장들도 있다. 프랑스어 동사활용법 중에서 접속법(subjonctif)은 실행된 시간 속에서 사행(procès)이 일어나지 않은 것을 표현한다. 따라서 무관사(article zéro) 용법과 접속법 등은 잠재사(**virtualisateurs**)에 해당된다.

Ainsi, sans qu'on en ait réellement conscience, énoncer une phrase revient à assembler des mots selon des règles strictes, même si les entorses à ces règles sont fréquentes (incorrections, barbarisme...). Le dictionnaire offre un trésor de potentialités, de mots **virtuels** qu'on **actualise** dès lors qu'ils sont employés dans une phrase. L'énoncé *moi vouloir pomme*, certes compréhensible sémantiquement, sera tenu comme fortement agrammatical. Les trois mots existent en langue mais, pour être utilisés en discours, ils doivent subir certaines modifications, à savoir l'insertion d'un article et l'emploi d'un verbe conjugué précédé d'un pronom personnel atone (*Je veux une pomme*). L'article est donc un **actualisateur** du substantif, l'indicatif, en tant qu'il actualise le procès, est un mode actualisateur du verbe.

Dans la phrase *Je veux une pomme*, l'article est grammaticalement nécessaire. Mais il est des phrases où l'article est omis, sans que leur grammaticalité soit affectée. L'article zéro, de même que le subjonctif, qui n'inscrit pas le procès dans une temporalité effective, sont des **virtualisateurs**.

2.1.2. 현동사와 잠재사

무관사 용법은 다음과 같이 명사의 형용사적 용법, 고유명사 사용 등의 다양한 이유로 빈번히 나타나지만, 사실 모든 것은 명사를 현동화 시키지 않으려는 동일한 이유에서 비롯된다.

- 명사가 이미 현동화된 다른 명사와 관련된 경우 **보기** "Mon voisin est médecin"(내 이웃집 남자는 의사이다).
- 명사 그 자체가 현동화된 경우 **보기** 고유명사(nom propre).
- 명사가 어떤 잠재적 개념을 지시하는 경우 **보기** 연어(locutions figées)[7],

역주7) 연어(locutions figées)는 2개 이상의 기존 단어가 어울려 하나의 단어로 기능한다. 에 복합어(mots composés). 무관사 용법은 연어와 복합어에서 빈번히 사용된다.

- 연어 "donner carte blanche à quelqu'un"(~에게 권한을 주다) : "donner une carte blanche à quelqu'un"(~에게 흰 카드를 주다)와는 달리, "donner carte blanche à quelqu'un"(~에게 권한을 주다)에서는 실제로 어떤 carte(카드)가 존재하는 게 아니다.
- 복합어 "le chien de berger"(양치기 개) : '개'의 종류(type)에 해당되는 지시물(référent) 하나만을 가리키는 반면, 명사구 "le chien du berger"(양치기의 개)는 2개의 지시물과 관련된다. 즉, '개'와 '양치기': 명사 'berger'(양치기)는 정관사(le)와 전치사(de)의 축약형 "du"에 의해 현동화되어 있다.

L'emploi de l'article zéro est fréquent pour des raisons multiples : emploi adjectif du substantif, nom propre, etc. mais toutes dérivent de la même raison : ne pas actualiser le nom, parce qu'il renvoie à un autre substantif dèjà actualisé (ex. : *Mon voisin est médecin*), parce qu'il est de lui-même actualisé (nom propre), ou encore parce qu'il fait référence à une notion virtuelle. C'est ainsi que, dans les mots composés ou dans les locutions figées, l'article zéro est fréquent : *donner carte blanche à quelqu'un* n'implique aucunement l'existence de la carte, contrairement à *donner une carte blanche à quelqu'un*.

De même, *le chien de berger*, mot composé, renvoie à un référent unique (un type de chien), alors que *le chien du berger*, groupe nominal, renvoie à deux référents : un chien et un berger actualisé par l'article défini contracté *du*.

밀 벤베니스트(E.Benveniste)는 이를 "synapsie"라고 명명했다. **보기** "faire halte"(정지하다), "Train à grande vitesse"(고속전철), "hirondelle de mer"(제비갈매기) 등이 있다.

핵심적인 두 품사이며, 각기 공간과 시간에 관련되는 명사와 동사는 관사와 서법(mode)에 따라 현동화되기도 하며 안 되기도 하는 유일한 범주이다.

다음 6가지 문장을 살펴보자.

a) *Je cherche une maison qui a un toit vert.*
(나는 지붕이 녹색인 집을 찾는다.)

b) *Je cherche une maison qui ait un toit vert.*
(나는 지붕이 녹색으로 된 집을 찾는다.)

c) *Bien qu'il pleuve, Pierre sort.*
(비가 오는데도 불구하고, 피에르는 외출한다.)

d) *Paul est content que Pierre soit venu.*
(폴은 피에르가 온 것을 기뻐한다.)

e) *Paul espère que Pierre viendra.*
(폴은 피에르가 올 것을 기대한다.)

f) *Paul redoute que Pierre vienne.*
(폴은 피에르가 오는 것을 꺼려한다.)

a)와 b)는 관계종속절(proposition subordonnée relative)의 서법이 다르게 쓰였는데, 서법이 다르다는 것은 당연히 의미 차이가 있다는 것이다.

a)에서 직설법(indicatif)이 사용되었다는 것은 화자가 지붕이 녹색인 집이 실존하고 있음을 알고 있다는 것으로, 가령 a)는 타인이 화자에게 이미 알려 준대로 이 집을 찾지 못해서 행인에게 물어볼 때 하는 말일

수 있다.

반면, b)에서는 접속법(subjonctif)이 쓰임으로써 명사 "maison"(집)은 잠재적인 상태에 놓인다. 즉, 녹색 지붕의 집이 존재하지 않을 수 있는 것처럼, 또한 존재할 수도 있음을 상정한다. b)는 부동산 중개소에서 지붕이 녹색으로 된 집을 구매하려는 고객(Je)이 말하는 내용일 수 있다. 여기서 "une maison"(어느 집)의 부정관사 "une" 대신 정관사 "la"를 써서 "la maison"(그 집)으로 말할 수 없음을 주의하자. 정관사는 부정관사보다 명사를 현동시키는 기능이 더 강하므로, 개념의 실존을 환기시키며(대용적 가치 : valeur **anaphorique**), 알려주며(예고적 가치 : valeur cataphorique), 전제한다.

c)에서는 접속법이 사용되어서 실제로 비가 오는 사실과 접속법의 사용은 서로 모순되는 것처럼 보이지만, 바로 '양보'(concession) 표현은 접속법을 정당화한다. 피에르는 그가 외출하면서 "마치" 비가 오지 않았던 것처럼 행동한다. 즉, 비는 실제로 내리고 있지만 서법의 마력(magie)에 의해 잠재화되었다.

d)는 위 예문들 중에서 가장 복잡한 경우로, 과거시제 "soit venu"로 보아 피에르가 실제로 왔고, 사행이 행해졌다. 그렇지만 서법은 접속법으로 되어 있다. 이는 주절 동사의 의미성(sémantèse)으로 설명할 수 있다. 첫째, 피에르의 방문이 객관적인 방식이 아니라 주관적인 감정의 무게를 달고 표현되어 있다. 이것은 주관적인 것(subjectif)과 접속법(subjonctif) 간의 연관성을 보여준다. 둘째, 폴의 기쁨은 전면에서 강조

되고, 피에르의 방문은 뒤에서 언급하고 있는데, 후자는 덜 현동화된다.

e)와 f)의 대조는 선명하다. 이 두 문장에서 주절의 동사는 감정을 나타내며, 종속절의 동사는 앞으로 일어날지도 모르는 사건에 관한 것이다. 그러나 e)와 f)의 주절의 동사는 반대되는 의소(sèmes)를 갖고 있다. e)에서 피에르의 방문은 아주 바람직한 것이기 때문에 긍정으로 표현되었고, 실현가능성(probabilité)의 표지인 미래시제로 현동화 되었다.

반면, f)에서 피에르의 방문은 가능성의 서법(mode du possible), 접속법에 의해 부정적인 방식으로 표현되었다. 이때, 주절의 동사 "redouter"(꺼려하다)가 "craindre"(걱정하다)처럼 허사(**explétif :** 문장에 부정의 의미도 부여하지 않는 것)의 "ne"를 수반하게 되는데, 이것의 출현은 우연이 아니다. 허사를 통해 사행이 실현되지 않기를 표현하는 것이다.

위의 예문들을 통하여, 의소의 일관성(cohérence sémique)은 어휘적 차원뿐만 아니라 문법적 차원에도 관계됨을 알 수 있다. 언어(langue)는 2가지의 일관성 즉, 2가지 가능한 방법을 두고 선택한다. 하나는 잉여법(redondance)이며, 다른 하나는 경제적 방법(économie de moyens)이다.

- 잉여적 방법 : "Je redoute qu'il ne vienne"(나는 그가 오는 것을 꺼린다)에서 주절의 동사의 의미(sémantèse), 허사 "ne"의 사용, 접속법의 사용 등의 3가지 방법으로 사행을 부정한다.

- 경제적 방법 : “si j’étais”(만일 내가 ~이라면). 그러나 “si j’aurais”(만일 내가 ~이라면) 라는 표현이 매우 흔하게 사용되는 것을 볼 때, 잉여적 표현의 사용이 더 빈번한 추세이다.8)

이러한 서법(mode), 관사(article), 시제(temps) 등의 용법은 각 문장에 따라 다양하게 설명되지만, 우리가 한 단어의 여러 가지 의미들(sens)과 접속법의 다양한 용법들을 살펴본 바와 같이, 비유의 모든 경우는 하나의 공통분모(dénominateur commun)를 갖는다. 바로 이러한 점을 언어학자 귀스타브 기욤(Gustave Guillaume, 1883-1960)과 그의 제자 제라르 무아네(Gérard Moignet)가 보여주었다.

2.2. 가능의미에서 의미효과로의 이행

2.2.1. 정의

가능의미(**signifié de puissance**)와 의미효과(**effets de sens**)라는 귀스타브 기욤의 용어는 2가지 확인을 필요로 한다.

첫째, ‘시니피에’(signifié)는 ‘의미’(sens)라는 말과 가깝고, ‘가능’(puissance)이라는 말은 ‘효과’(effets)이라는 말과 대조를 이룬다. ‘가능’이라는 단어는 가능성을 지닌 것(potentiel)이며 잠재적인 것(virtuel)

역주8) “si j’étais (만일 내가 ~이라면)” 에서는 접속사 ‘si’ 의 사용만으로 가정·조건을 표현하였기 때문에 경제적으로 표현한 반면에, “si j’aurais (만일 내가 ~이라면)” 에서는 접속사 ‘si’의 사용과 더불어 동사의 서법까지도 가정·조건을 표현하는 조건법 시제를 사용하여, 이중으로 가정·조건의 의미를 표현하고 있기 때문에 잉여적인 언어사용이다.

을 가리키며, 반면에 '효과'라는 단어는 실행적인 것(effectif)이며 현동화된 것(actualisé)과 관련된다.

둘째, 왜 가능의미는 하나(un)이며, 의미효과는 복수(des)인가? 기욤(Guillaume)의 이론에 의하면, 전치사 "en", 관계사 "que" 등과 같은 문법어(mot grammatical), 그리고 현재시제, 접속법 시제 등과 같은 문법적 개념어(notion grammaticale)는 하나의 유일한 시니피에(un signifié unique)를 갖고 있는데, 이것에 의해 다양한 의미효과들이 설명된다.

보기 "La terre tourne autour du soleil"(지구는 태양 주위를 돈다)에서 사용된 현재시제는 절대시간성(omnitemporalité)이라는 의미효과를 가진다. "Cet homme boit"(이 남자는 술을 마신다)에서 사용된 현재시제는 상황에 따라 완료되어가는 비교적 짧은 행위나 반복 행위 또는 습관적 행위 등을 표현한다. 또 다른 사례로, "Ce soir, je vais au cinéma"(오늘 저녁에 나는 영화관에 간다)에서 사용된 현재시제는 미래를 나타내는 가치가 있으며, "Il sort de l'hôpital"(그는 병원에서 나온다)에서 사용된 현재시제는 과거적 가치를 가진다.

Les notions guillaumiennes de **signifié de puissance** et d'**effets de sens** appellent deux constatations : tout d'abord, *signifié* se rapproche de *sens*, alors que *puissance* et *effets* s'opposent. Le mot *puissance* renvoie au potentiel, au virtuel, tandis que *effet* renvoie à l'effectif, à l'actualisé. Ensuite, pourquoi un signifié de puissance et des effets de sens? Selon la théorie guillaumienne, tel mot grammatical (ex. : *en, que*…) ou telle notion grammaticale (ex. : le présent, le subjonctif…) ont un signifié unique qui permet de rendre compte de ses multiples effets de sens.

그렇다면, 이처럼 때로는 상반되기도 하는 여러 가지 의미효과들을 어떻게 확인할 수 있을까? 모든 경우를 다 아우를 수 있는 하나의 정의(définition)로써 가능하다. 즉, 가능 상태에서 직설법 현재시제는 미래의 일부와 과거의 일부로 구성된 분할상(**aspect sécant**)이다.

보기 "J'écris un livre"(나는 책 한 권을 쓰고 있다)라고 말할 때, 사행은 이미 시작되었고(과거), 또한 완료되지 않았다(미래).

이러한 과거의 단편과 미래의 단편을 기욤학파의 학자들은 시간계형(**chronotypes** : 미래는 α, 과거는 ω로 표시함)이라고 부른다. 미래와 과거의 일부분을 포함하고 있는 이러한 '언어적 현재시제'(présent linguistique)는 '실행적 현재시제'(présent effectif)와 구별해야 하는데, 후자는 과거와 미래 간의 차단점(point de rupture)에 해당된다. 즉, 언어적 현재시제는 다소 넓은 시간의 폭을 차지하는 반면에 실행적 현재시제는 그렇지 못하다. 실행적 현재시제는 미래를 과거 속에 흡수해 버리는 분기점(seuil)이다.

보기 "Ce soir, je vais au cinéma"(오늘 저녁에 나는 영화관에 갈 거야)에서, 실행되는 사행(procès effectif)은 미래부분(α)이며, '영화관에 갈 의향'(intention d'aller au cinéma)은 과거부분(ω)을 이룬다.

반과거(imparfait)는 '과거속의 현재'와 등가이다. 이것 역시 분할상(**aspect sécant**)을 표현하는데, 종합상(**aspect global**)을 표현하는 단순과거(passé simple)와는 달리, 반과거는 2가지 시간계형(**chronotypes**)으로 사행의 분할을 환기시키는 어구 "en train de"(~하고 있다)와 사용될 때

분할상의 특징이 두드러지게 나타난다.

그런데 반과거시제는 과거 속에서의 어떤 사행의 전개(déroulement)를 표현하는 데에만 적합한 게 아니다. 반과거시제의 가능의미는 '분할상 + 거리'(**aspect sécant + distance**)로 규정함이 더 바람직하다. 반과거시제의 거리 개념에 대한 용례는 다음과 같다.

- 시간적 거리를 표현하고자 할 때 : "Hier, j'étais à l'opéra"(어제, 나는 오페라극장에 있었어).
- 현실적 거리를 표현하고자 할 때 :
  - "Un pas de plus et la voiture m'écrasait"(한 발자국만 더 나아갔더라면, 그 차는 나를 치어죽일 뻔했어).
  - 꿈 이야기를 하는 경우에도 반과거를 사용한다.
- 자신의 발언(propos)에 대해 거리를 두고자 할 때 : "Je voulais vous demander pardon"(저는 당신에게 용서를 구하고 싶은데요).

2.2.2. 역동성과 차감성

다양한 의미효과를 이해하기 위해, 역동성(**cinétisme**)과 차감성(**subduction**)이라는 개념이 추가된다. 어원론(étymologie)에서 볼 수 있듯이, 역동성(**cinétisme** 또는 **cinèse**)이란 단어의 완전의미(sens plein)에서부터 가장 차감된 의미(sens le plus subduit =가장 덜 완전한)까지 나아가는 운동을 말한다.

"avoir"(가지다) 동사가 쓰인 아래의 5가지 예문을 살펴보자.

a) J'ai une maison. (나는 집 한 채를 가지고 있다.)

b) J'ai de l'estime pour lui. (나는 그에 대해 존경심을 갖고 있다.)

c) J'ai froid. (나는 춥다.)

d) J'ai travaillé. (나는 일했다.)

e) Je travaillerai. (나는 일할 것이다.)

모두 "avoir"(가지다) 동사가 사용되었지만 a)에서 e)에 이르기까지 "avoir"(가지다)에 대한 차감운동(mouvement de subduction)이 행해졌고, 경우에 따라 비실사화(dématérialisation)되기도 했다.

a) 에서 "avoir" (가지다) 동사는 '소유하다'라는 구체적 의미(sens concret)를 가진다.

b) 의 "avoir" (가지다)는 "posséder" (소유하다)로 대체할 수 있으나, 보어 "estime" (존경심)로 인하여 추상적(abstrait) 의미가 되었다.

c) 는 어휘화된 동사어구(locution verbale lexicalisée)와 관련된다. "avoir" 는 더 이상 "posséder" (소유하다)로 대체할 수 없으며, "avoir" 와 "froid" (춥다)를 떼어놓을 수도 없다.

d) 의 "avoir" 는 조동사(auxiliaire)로서 복합과거(passé composé)를 만드는데 쓰인 문법소(outil grammatical)이다.

e)의 "avoir"는 미래시제의 동사활용어미(désinence du futur)의 일부분이 되었기 때문에 가장 차감된 의미를 가진다. 역사적으로 미래시제는 동사의 부정법(infinitif)과 조동사 "avoir"로부터 만들어진 것이다.

보기 "J'ai à travailler"(나는 할 일이 있어) → "Je travaillerai"(나는 일할 거야).

완전의미(sens plein)에서 차감의미(sens subduit)로 이행되는 동안, 마치 어떤 하강(sub) 운동(mouvement de descente)이 일어나는 것처럼, 단어의 자립성(autonimie)과 술어성(**prédicativité**)이 상실되는 운동이 일어난다. 이때, 술어성이란 하나의 단어가 홀로 문장을 구성할 수 있는 능력을 말한다. 단어가 차감의미로 쓰일 때는 의존적이 된다. 다음의 경우들이 해당된다.

- 조동사(auxiliaire) être, avoir
- 준조동사(semi-auxiliaire)
  - "venir"(막~하였다) : 근접과거(passé récent) 표현
  - "devoir"(~임에 틀림없다) : 실현가능성(probabilité) 표현
- 무강세-동반형(atone et conjoint) 인칭대명사 "me"(나를, 나에게) : 강세형 인칭대명사 "moi"(나)와는 달리, "me"는 무강세형(atone)이며 동반형(conjoint)이다.
- 무의미 단순종속사(simple subordonnant vide de sens) : 예를 들면, 종속접속사(conjonction de subordination) "que".

Dans ces cinq phrases, est utilisé le verbe *avoir*. Mais de la première phrase à la dernière, s'est opéré un mouvement de subduction, en l'occurrence de dématérialisation. Le verbe *avoir* a le sens concret de *posséder* dans la première phrase.

Dans la deuxième, il peut toujours commuter avec le verbe *posséder* mais son sens est abstrait à cause de son complément. Dans la troisième phrase, on a affaire à une locution verbale lexicalisée où *avoir* n'est plus commutable avec *posséder* et où *avoir* et *froid* ne sont pas dissociables. Dans la quatrième phrase, *avoir* a le statut d'auxiliaire, d'outil grammatical servant à former le passé composé. Enfin, dans le dernier exemple, *avoir* a un sens encore plus subduit puisqu'il fait partie de la désinence du futur (historiquement, le futur s'est formé à partir de l'infinitif du verbe et de l'auxiliaire *avoir* : *J'ai à travailler* → *Je travaillerai*). Du sens plein au sens subduit, il y a comme un mouvement (*-duction*) de descente (*sub-*), de perte d'autonomie et de prédicativité si l'on entend par **prédicativité** l'aptitude d'un mot à faire phrase à lui seul. Lorsque le mot est utilisé dans un sens subduit, il est dépendant : il peut être auxiliaire (ex. : *être* ou *avoir*), semi-auxiliaire (ex. : *venir* quand il marque le passé récent ou encore *devoir* quand il marque la probabilité), atone et conjoint (ex. : *me* contrairement à *moi*), simple subordonnant vide de sens (ex. : la conjonction de subordination *que*), etc.

의미를 상실하게 만드는 차감운동은 통시태적으로 단어의 비강세와 관련된 철자나 음소를 흔히 탈락 또는 변화시킨다. 예를 들면, 부정의 "ne"(~아니다)는 다소간 차이가 있는 여러 가지 국면(stades)의 차감성을 갖는다. 예를 들면, "Je ne sais"(나는 알지 못한다)에서 "ne"는 완전히 부정을 의미하지만, "Je crains qu'il ne pleuve"(나는 비가 오지나 않을까 걱정이다 : 비가 오는 것에 대하여 우려함)에서 "ne"는 생략할 수 있다. 반면, 부정(négation)의 "non"(아니다)은 완전포착된 것(saisie pleine)으로서, "ne"는 항상 동사를 동반하지만, "non"은 홀로 사용될 수 있기 때문에 술어의 자격이 있다.

"me / moi"(나), "que / quoi"(무엇), "comme / comment"(어떻게)의 경우도 차감관계(rapport de subduction)가 성립된다.

"que/quoi"(무엇)를 살펴보면, "Quoi que je fasse, j'ai toujours tort"(내가

무엇을 하건, 언제나 내 탓이다)의 경우처럼, 단어의 완전실현에서의 “quoi”는 잠재적 비생물체와 관계되는 부정(否定)대명사이다. 이보다 좀 덜 완전 단계에서의 “quoi”는 “C’est ce à quoi je pense”(내가 생각한 것이 바로 그것이다)의 경우처럼, 무생물 선행사와 함께 쓰인 관계대명사이며 동시에 종속사로서 기능한다. 가장 차감된 상태의 “quoi”는 의문사로 쓰인 경우이다. 이때는 “que”와 바꿀 수 있다. 즉, “Je ne sais quoi faire” 또는 Je ne sais que faire”(나는 무엇을 해야 할지 모르겠다).

이어서, “quoi”의 연속선상에서 “que”의 여러 가지 상태를 구분해볼 수 있다. 의문사 “que”는 “quoi”처럼 비생물체에만 관계하지만, 관계사 “que”는 비생물체뿐만 아니라 생물체도 관계한다. 보다 더 차감된 “que”는 비교문을 도입할 때이며 (보기 Il est plus grand que toi 그는 너보다 키가 더 크다), 예외를 표현하는 경우 (보기 Je n’aime que toi 나는 너만 좋아해), 그리고 거의 의미성(sémantèse)이 없이 단순히 삽입(enchâssement)의 방편으로만 쓰인 접속사 “que”의 경우 등이 있다. “quoi”에서 “que”에 이르기까지 이어지는 역동성 중에서 가장 마지막 단계, 즉 가장 완전의미에서 가장 차감의미에 다다른 “que”는 “Qu’il vienne”(그가 오기를)과 같은 유형의 문장에서 쓰인 접속법을 이끄는 경우이다.

차감성(subduction)이 하나의 동일한 시니피앙 내부에서 일어날 때 기욤(Guillaume)의 이론을 따르는 학자들은 이를 내적**(interne)** 또는 내재적**(ésotérique :** 그리스어로 ésô = 그 안에서) 차감이라고 부르는 반면에, “quoi”가 “que”로 대체되는 차감운동은 외적**(externe)** 또는 외재적**(exotérique :** 그리스어로 exô = 그 밖에서)이라고 말한다.

기욤학파의 언어학자들에 있어서, "que"와 "quoi"는 하나의 시니피앙이며 하나의 가능의미(=잠재적 시니피에)를 가진 것으로 취급하며, 다만 이것이 여러 가지 포착에 의하여 다양한 의미효과를 내는 것으로 본다.

Prenons le cas du couple *que/quoi*. En réalisation plénière du mot, *quoi* est un pronom indéfini renvoyant à de l'inanimé virtuel (ex.: *Quoi que je fasse, j'ai toujours tort*). À un stade moins plénier, *quoi* est pronom relatif avec un antécédent inanimé mais fonctionne en même temps comme subordonnant (ex.: *C'est ce à quoi je pense*). *Quoi*, dans son état le plus subduit, entre en concurrence avec *que* : il est dans ce cas interrogatif (ex.: *Je ne sais quoi* -ou *que- faire*). On peut ensuite distinguer plusieurs états de *que*, dans la continuité de *quoi* : le *que* interrogatif renvoie encore à de l'inanimé, alors que le *que* relatif renvoie autant à de l'animé qu'à de l'inanimé. Etats encore plus subduits, le *que* employé pour introduire le comparant (ex.: *Il est plus grand que toi*) ou l'exception (ex.: *Je n'aime que toi*) et la conjonction *que*, simple outil d'enchâssement à sémantèse quasi nulle. Ultime étape de la cinèse menant de *quoi* à *que*, du sens le plus plein au sens le plus subduit, le *que* béquille du subjonctif dans une phrase du type *Qu'il vienne*.

Quand la subdution a lieu à l'intérieur d'un même signifiant, les guillaumiens parlent de subduction **interne** (ou **ésotérique**, du grec *ésô* signifiant *au-dedans*), alors que le mouvement de subduction de *que* par rapport à *quoi* est dit **externe** (ou **exotérique**, du grec *exô* signifiant *au-dehors*). Pour les guillaumiens, *que* et *quoi* ne représentent en fait qu'un seul signifiant et n'ont qu'un signifié de puissance qui connaît en revanche de multiples effets de sens suivant les saisies opérées.

형태론(morphologie), 통어론(syntaxe), 음운론(phonologie), 그리고 통시태(diachronie)와 공시태(synchronie)가 기욤(Guillaume)의 접근에서는 서로 만나게 된다.

보기 통시태적으로 단어 “me”와 “moi”, “ne”와 “non” 등은 동일한 어원을 갖는다. 강세 혹은 비강세라는 발음의 차이가 형태통어론적(morphosyntaxique) 차이를 만들게 된다. 즉, 의미적으로 완전형(forme sémantiquement pleine)은 자소나 음소적으로도 완전형과 대응하며, 의미적으로 차감형(forme sémantiquement subduite)은 음소적으로도 묵음형(muet) “e”와 대응한다. 차감은 단어의 비강세음과 관련된 음소적 변화도 동반할 수도 있다.

보기 “sage-femme”(조산원)의 품질형용사 “sage”는 이 형용사의 고유 의미 ‘현명하다’가 없을 뿐만 아니라 음소의 변화도 생겨서 [sa ʃ fam]으로 발음되는데, 『Petit Robert』 사전에도 [sa ʒ fam]이라고 잘못 명기되어있다.

기욤의 통어론은 문장(phrase)과 발화내용(énoncé)의 통어론 이전에 단어의 통어론(syntaxe du mot)이다. 이는 어떤 한 단어의 여러 가지 의미효과들을 묶어서 설명할 수 있는 하나의 유일한 원리(principe unique)를 밝히는 데 있다. 어떤 의미(sens)를 찾는다는 것은 어떤 운동성(mouvement) 혹은 역동성(cinèse)을 찾는 것이며, 이것은 결국 단어 “sens”(의미, 방향)의 2가지 중요한 의미를 합치는 것이고, 서로 관련되는 것을 찾는 데 있다.

III. 문장에서 발화내용까지

1. 의미와 의미작용

1.1. 문장의 의미

1.1.1. 의미와 진리

이 장에서는 어휘규칙과 형태통어론적 규칙에 따른 단어들의 결합체(combinaison)로서의 문장에 관해서만 살펴보기로 한다. 문장이 하나의 의미(sens)를 갖기 위해서는 이해가능한(compréhensible) 문장이어야 한다고 간략히 언급했다.

그러나 이러한 정의는 만족스럽지 못해서, 여러 언어학자들은 문장의 의미와 진리 간의 관계에 대하여 연구하였다. 문장의 의미(sens)를 안다는 것은 결국 그 진리조건들(conditions de vérité)을 안다는 것으로, 이러한 정의는 13세기의 성 토마스(saint Thomas)가 규정한 "진리란 사물과 의미의 일치"(*veritas est adequatio rei et intellectus*)라고 보는 스콜라 철학에서 기인한다.

언어학 서적에서 종종 언급되는 논리학자 러셀(Russell)이 만든 예를 인용하면, "Le roi de France est chauve"(프랑스의 왕은 대머리이다)라는 문장은 형태통어론적(morphosyntaxiques) 규칙이 올바로 적용되어 만들어졌기에 당연히 문법적(grammaticale)이며, 명사 'roi'(왕)과 품질형용사 'chauve'(대머리)가 모두 총칭적 의소 {사람}(humain)을 갖고 있어서 이 두 단어 간의 의소에도 일관성이 있기 때문에 어휘론적으로도 올바른 문장이다. 그러나 실제로 오늘날에는 프랑스의 왕이 존재하지 않기 때문에 진리조건(comditions de vérité)에는 문제가 있을 수 있다.

Ainsi, pour reprendre un example récurrent dans les ouvrages de linguistique, emprunté au logicien Russell, la phrase *Le roi de France est chauve* est, certes, grammaticale puisque les règles morphosyntaxiques sont respectées, lexicale puisqu'il y a cohérence sémique entre le substantif et l'adjectif qualificatif qui possèdent tous deux le sème générique {humain}, mais peut être discutable quant à ses conditions de vérité. Il n'existe pas en effet de roi de France à l'heure actuelle.

1.1.2. 상대적 진리

문장이 어휘적으로 그리고 문법적으로 수용할 수 있고, 대응하는 지시물(correspondant référentiel)이 있을 때 그 문장은 의미를 가지고 있다고 말할 수 있다. 그러나 '사물' (choses)이란 그리 간단하지 않아서, 문장의 의소분석이나 의미해석에서 보았듯이, 단적으로 말하는 것은 어렵고 실수가 생기기 쉽다. 현실에서는 상대성(relativité)이 존재하기 때문이다. 다음의 경우를 보자.

- 복숭아는 살구에 비해 큰 과일이지만 오렌지에 비교하면 작다.
- 대머리는 언제부터라고 말할 수 있는지, 머리카락이 빠지기 시작할 때와 완전히 탈모된 때 사이에는 정도(degrés)의 차이가 있다. 그래서

이러한 상대성은 심지어 사전에도 언급되기도 하는데, 『Petit Robert』 사전의 "chauve"(대머리)라는 항목을 보면 "머리카락이 하나도 없거나 거의 없다"(qui n'a plus ou presque plus de cheveux)라고 정의되어 있다.

- 진리가 양태적(modalisable)인 경우: "피에르가 어쩌면 거기 있을 거야"(Pierre est peut-être là).

«다소»(plus ou moins)라고 말할 수 있는 이러한 연속체(continuum)는 잘 알려져 있고 또한 다양한 방식으로 연구되었는데, 기욤의 '역동성'(cinétisme)이나 프랑켈(J.-J. Franckel)이 말했던 '개념영역론'(domaine notionnel) 등이 그 예들이다. 우리도 이 책에서 "pas vraiment P"(정말 ~P 아니다)에서 "vraiment P"(정말 ~P이다)로의 이행을 나타내는 표현 "commencer à"(~하기 시작하다)를 예를 들어 설명했었다.

이번에는 언어학자 레이코프(G. Lakoff)가 언급한 사례를 통해 상대적 진리(vérité relative)에 대하여 살펴보자. 다음의 예문들은 모두 정의문(phrases définitoires)에 속한다.

a) *Le moineau est un oiseau.* (참새는 새이다.)

b) *L'autruche est un oiseau.* (타조는 새이다.)

c) *Le pingouin est un oiseau.* (펭귄은 새이다.)

d) *La chauve-souris est un oiseau.* (박쥐는 새이다.)

e) *La gazelle est un oiseau.* (영양은 새이다.)

f) *L'éléphant est un oiseau.* (코끼리는 새이다.)

엄격히 과학적인 차원에서 “새”는 특정적 의소인 {깃털}(plumage)과 {부리}(bec)를 갖고 있다. 거북이와 같은 일부 다른 동물의 입도 ‘부리’(bec)라고 하는데, 이러한 명칭은 유추적인 것으로, 거북이의 입 모양이 새의 부리같이 생긴 점에서 연유한다. 일반적으로, 새는 날지만 이것이 새에만 해당되는 것은 아니다. 곤충류(insectes)이나 심지어 박쥐(chauve-souris)같은 포유류도 날며, 반면에 타조(autruche)나 펭귄(pingouin) 같은 새는 날지 못한다.

위의 6가지 문장을 살펴보자.

분명히 a)는 참이고, f)는 거짓이라는 것에 모두 동의하지만, 나머지 문장에 대해서 참과 거짓을 잘라 말하기는 곤란하다. “avoir un appétit d’oiseau”(식욕이 아주 적다)라는 표현에서 보듯이, “새”라고 할 때 대다수 사람들은 흔히 의소 {날다}(vole)와 {작다}(petit)를 연상하는데, 이로 인해 d)를 참이라고 여기며, b)와 c)는 거짓이라고 여기지만, 과학적으로는 그 반대이다. e)는 은유적인 표현으로서, 영양(gazelle)의 길고 가는 다리로 넓게 뛰어다니는 모습을 마치 공중을 나는 것에 비유한 것이다.

위의 예문들을 통해, 동물에 대한 지식이 많은 사람이거나 혹은 동물에 대한 지식이 전무한 사람도 a), b), c)를 참이라고 할 수 있는 것처럼, 문장의 진리 여부에 대한 판단은 개인의 언어능력에 좌우될 뿐만 아니라, 문장에 접근하는 방식에 따라 좌우된다는 것을 알 수 있다. 가령 e)를 과학적으로 접근할 때는 거짓이 되고, 은유적으로 접근한다면 참이라고 할 수 있다.

참새와 타조가 모두 새의 범주에 속하지만, 동일한 방식으로 그 범주를 나타내지는 않는다. 그 분포가 아주 널리 퍼져있는 참새(moineau)는 의소 {날다}(vole), {깃털}(plumage), {부리}(bec), {날개}(ailes), {비가축}(non domestique), {적다}(petitesse), {삐약거림}(piaillement) 등을 지니고 있는 조류의 원형(**prototype**)으로 간주된다. 또한, 이러한 의소들은 조류(catégorie des oiseaux)의 정형(고정관념, **stéréotype**)과도 부합된다. 이것은 참새의 넓은 분포와 서로 비슷한 색깔을 지닌 참새의 평범한 점, 그리고 어쩌면 "새"(**oiseau**)라는 단어의 발음([wazo] 우아조)과 철자가 "참새"(m**oineau**)의 발음([mwano] 무아노)과 철자가 비슷한 점, 즉 "oi-[wa]", "eau-[o]"의 두 음소가 공통적이고 음절수도 같다는 점에서 참새는 조류의 원형으로 간주되며, 또한 조류의 정형으로도 인식된다.

Si le moineau et l'autruche appartiennent tous deux à la catégorie des oiseaux, ils ne la représentent pas de la même manière. Le moineau, tout au moins dans les pays où il est répandu, est considéré comme un **prototype** de la catégorie des oiseaux, à cause des sèmes qu'il contient : {vole}, {plumage}, {bec}, {ailes}, {non domestique}, {petitesse}, {piaillement} qui correspondent au **stéréotype** de l'oiseau, à cause de sa banalité (oiseau répandu et de couleur commune) et peut-être à cause de sa ressemblance phonique et graphique avec *oiseau* : oi-[wa] et -eau [o] en commun et même nombre de syllabes.

대부분의 범주에는 다소간 전형성에 차이가 있는 요소들을 포함하고 있기 때문에, 전형성(**typicité**)에도 정도의 차이가 있다. 즉, 우리 각자에게 연장 하나와 색깔 하나를 인용하라면, 예상 대답은 망치(marteau)와 붉은색(rouge)일 것이다. 원형적인 요소들은 개인에 따른 차이는 없지만 지역에 따라 다를 수는 있다.

어떤 유형이 원형이 되는 과정은 다음과 같다. 즉, 가장 많이 쓰이는 것이 원형이 되기 쉬운데, 기술자가 아니더라도 가장 많이 사용되는 연장이 망치이기 때문에 연장의 범주에서 "망치"(marteau)는 원형이 된다. 또한, 망치를 낫과 함께 떠올린다면 상징적인 연장이 되기도 한다. 낫과 망치는 농민층(classe paysanne)과 노동층(classe ouvrière)을 상징하는 연장이기 때문에 붉은 색과 함께 소련과 공산당의 엠블렘(emblème)으로 쓰였다. 또, "si j'avais un marteau"(만일 내가 망치 하나를 가지고 있다면)의 경우처럼 노래 가사에도 언급되며, "être marteau"(정신이 돌다)의 경우처럼 비유적 의미(sens figuré)로 쓰이기도 한다.

마찬가지로, 사과(pomme de terre)는 여러 가지 이유에서 서양에서 가장 원형적인 과일일 것이다. 그 연유는 다음과 같다.

- 아마도 어원적으로, 라틴어 "pomum"는 '과일'(fruit)을 의미한다.
- 문화적으로, 사과는 특히 성경에 나오는 과일로서, 여기서 "croquer la pomme"(사과를 깨물어 먹다)라는 표현이 생겨나기도 했다.
- 현실적으로 사철 나는 과일이다.

원형(**prototype**)과 정형(**stéréotype**)이 서로 합류할 수도 있지만 그 정의는 다르다. 원형(原型)이란 어떤 한 범주에서 가장 전형적인 요소를 말하는 반면, 정형(定型)이란 그 범주의 가장 전형적인 속성들을 지닌 요소를 말한다.

보기 "Cette femme est une femme"(이 여성은 여인이다)라고 말한다면, 선험적으로는 반복법으로 정의되겠지만, 여기서 두 번 사용된 "femme"

(여성, 여인)는 똑같은 의미로 쓰인 것이 아니기 때문에 부조리한 것은 아니다. 주어의 "femme"(여성)는 '여성'의 범주에 속하는 한 사람을 가리키지만, 주어의 속사 "femme"(여인)는 흔히 품질형용사처럼 기능하는데, 달리 말해서 실사(substantif) "femme"(여인)는 '여성'의 정형(定型)들과 관련된 것이다. 즉, '여성'이라는 범주에 흔히 부여되어 있는 속성들을 가리킨다.

요컨대, 전자는 성별 구분에 의한 '여성에 속하는 존재'를 말하는 것이고, 후자는 '여성으로서의 자질을 충분히 지니고 있음'을 의미한다.

Même si prototype et stéréotype peuvent se rejoindre, leur définition est différente. Par **prototype**, on entend l'élément le plus typique d'une catégorie alors que par **stéréotype**, on entend l'élément ayant les propriétés les plus typiques de la catégorie. Si je dis *Cette femme est une femme*, cette définition *a priori* tautologique n'est pas absurde car les deux occurrences de *femme* ne revêtent pas la même signification. *Femme*, en fonction sujet, renvoie à une personne appartenant à la catégorie des femmes, alors qu'en fonction d'attribut du sujet, fonction qu'a souvent l'adjectif qualificatif, ce substantif renvoie aux stéréotypes de la femme, c'est-à-dire aux propriétés attribuées couramment à la femme. En somme, le premier *femme* équivaut à être de sexe féminin, tandis que le second *femme* signifie *être doué de féminité*.

이러한 원형과 정형의 차이는 외연(**extension**)과 내포(**intension** 또는 **compréhension**)의 차이와 흡사하다. 수학과 언어학의 의미에서, 어떤 총체를 외연적으로 정의한다는 것은 총체에 속하는 요소들의 전체가 관련되는 것을 의미한다.

'연장'(outil)이라는 단어의 외연(범위)은 '연장 전체'일 것이며, 연장 전체에서 '망치'(marteau)는 가장 전형적인 연장, 즉 그 범주의 원형인 것이다. 반면, '연장'이라는 단어를 내포(징표)에 의해 정의하는 것은 그 속성들(propriétés)과 관련된다.[1)]

외연적 정의(définition extensionnelle)가 크고 분명할수록, 내포적 정의(définition intensionnelle)는 축소되며 불분명해진다.[2)] 아동에게 과일이 무엇인지 설명해주려면, 과일을 보기로 들어 설명할 수 있겠지만, 살구가 무엇인지 설명해주려면 살구의 특징에 대하여 얘기해주어야 할 것이다.

하나의 동일한 범주에 속하는 요소들도 원형적인 측면에서 다소 차이가 있다. 대체로 어린이들은 원형에 가까운 유형들을 초기에 익히게 된다. 어느 한 범주를 3가지 층위: 상위층 (**niveau surordonné** : "연장"), 기본층 (**niveau de base** : "망치"), 하위층 (**niveau subordonné** : 여러 종류의 망치)으로 나눈다면, 아동은 먼저 기본층에 속하는 것을 가장 먼저 익히게 될 것이며, 나중에 상위층 안에 기본층을 올바르게 포함시키는 것을 배우게 될 것이다. 이러한 능력은 아동에게 부족한 조직능력(organisation), 서열능력(ordonnance)이 갖추어지고, 아울러 개념에 대

역주1) 우리말의 번역어로서 '외연'과 '내포'에는 사실 아주 다른 2가지 개념이 관련되어 있다. 여기서 말하고 있는 외연/내포(extension/intension)의 짝과 구별해야 하는 외연/내포(dénotation/connotation)의 짝이 있다. **보기** 우리가 '망치'라고 할 때 떠올릴 수 있는 {비생물, 가공물, 구상체, 쇠…}등은 '망치'의 외연(dénotation)에 의해 구할 수 있는 외연적·가시적인 의소에 해당되며, {단단함, 유용성, 위험…} 등은 '망치'의 내포(connotation) 작용으로 얻은 내포적·암시적 의소들이다. 한편, '망치'의 내포(intension)는 위에서 언급한 '망치'의 외연적 또는 내포적인 모든 의소들, 징표들이 관련된다. 그리고 외연(extension)이란 그 단어가 지시하는 사물 전체를 가리키는 것이므로, '망치'의 외연은 [다양한 모양의 모든 망치들]이 해당된다.

역주2) 개념의 외연(범위)이 증가하면 그 내포(징표)는 감소되므로, 개념의 내포(징표)가 증가하려면 그 외연(범위)이 축소되어야 한다.

한 기술적 정의와 간혹 기능적 정의도 할 수 있게 된 후에야 가능한 것이다.

가령, 아버지가 어머니에게 항시 꽃을 선사하는 것을 보고 자란 도시의 아동에게 있어서 개양귀비(coquelicot)는 '꽃'(fleur)일 수 없으며, '꽃집에서 사온 잘려진 꽃'(fleur coupée qu'on achète chez un fleuriste)을 두고 '꽃'이라고 인식할 것이다.

기본층은 아동에게서 모든 층위를 대신하게 되는데, 마치 갓난아기에게 있어서는 모든 여자가 전부 어머니인 것과 같다.

다른 범주들 간의 관계는 보통 포함관계(inclusion)에 의해 정해지는데, 인접관계(contiguïté)와 교차관계(intersection) 또는 유사관계(ordre de la ressemblance)도 관련될 수 있음을 레비-스트로스(Lévi-Strauss)의 저서 『야만적 사고』(*La Pensée sauvage*)에서 잘 볼 수 있다. 이 책에 나오는 인도 남쪽지방에 살고 있는 토레야족(Toreya)에게 있어서 뱀과 흰개미집[3])은 인접관계에 의해 동일한 범주에 속하며, 마찬가지로 붉은 개미와 코브라는 공통의 색을 갖고 있다는 연유로 교차관계에 의해 동일 범주에 속한다.

이처럼 문장이 참이냐 거짓이냐는 개인에 따라 다르다. 모든 사람에게 선험적으로 "2 + 2 = 4"가 수긍될지라도, "피에르는 친절하다"(Pierre est gentil) 혹은 "피에르는 아프다"(Pierre est malade)라는 문장은 사람에 따라 참일 수도 거짓일 수도 있다. 이것을 언어학자 로베르 마르탱

역주3) 수백 만 마리의 흰개미들이 흙을 물어다 자신의 몸에서 나오는 체액으로 반죽하여 쌓아올린 구조물.

(Robert Martin)은 '믿음영역'(**univers de croyance**)에 대한 상대성이라고 부르는데, 믿음영역이란 말하는 순간에 화자가 '참' 혹은 '가능'하다고 여기는 명제들의 총체를 말한다.

이러한 총체는 유동적(fluctuant)이다. "피에르는 아프다"(Pierre est malade)라고 필자가 말할 경우에, 이러한 단언(assertion)은 필자에게는 적어도 참일 수 있지만, 피에르가 꾀병을 부리고 있다고 제대로 알고 있는 대화상대자(interlocuteur)에게는 거짓일 수 있다. 이때 필자가 상대방에 의해 설득된다면, 위 문장은 필자에게 한 순간 참일 수 있었지만 설득된 후에는 더 이상 참이 아닐 것이다.

따라서 문장의 진리는 흔히 상황(circonstance)에도 좌우됨을 알 수 있다. 그래서 '문장'은 '진리조건영역'(lieu des conditions de vérité)이고, 오직 '발화내용'(énoncé)만이 참과 거짓의 '해석영역'(lieu de l'interprétation)이다.

La vérité d'une phrase dépend donc des individus. Si pour tous *a priori* deux et deux font quatre, des phrases telles que *Pierre est gentil* ou *Pierre est malade* seront vraies pour telle personne et fausse pour telle autre. C'est ce que des linguistes comme Robert Martin appellent la relativité par rapport à un **univers de croyance**, l'univers de croyance étant l'ensemble des propositions que le locuteur au moment où il parle tient pour vraies ou possibles. Cet ensemble est fluctuant. Si je dis : *Pierre est malade,* cette assertion peut être vraies pour moi mais fausse pour mon interlocuteur sachant pertinemment que cette maladie n'est qu'un prétexte. Auquel cas, si j'ai été convaincue par mon interlocuteur, cette phrase aura été vraie à un moment donné pour moi mais ne le sera plus l'instant d'après. On voit donc que la vérité d'une phrase est très souvent dépendante des circonstances. Aussi dira-t-on que la phrase est le lieu des conditions de vérité et que seul l'énoncé est le lieu de l'interprétation, du vrai ou du faux.

1.2. 발화내용의 의미작용

1.2.1. 의미와 의미작용

문장과 발화내용(énoncé)은 어떤 차이가 있는가? 문장이란 별도로 떼어낸 언어학적이며 이론적인 순수 구성으로서 무한히 반복될 수 있으나 어떠한 현실과도 대응하지 않기 때문에 잠재적인 영역에 속해 있다.

발화내용(énoncé)은 사건, 때, 장소, 대화상대자 등이 주어진 어떤 상황(**contexte**) 속에서 또는 어휘적인 차원의 문맥(**co-texte**)[4] 속에서 문장(phrase)이 발화되는 순간부터의 산물이다. 그래서 발화내용은 실행적인(effectif) 영역에 속한다. 하나의 문장(phrase)이 6번 반복되더라도 문장은 변함없지만, 발화내용(énoncé)은 각 경우마다 6가지의 다른

역주4) 저자는 '언어적인'(말이나 글의 앞과 뒤) 문맥과 '비언어적인' 발화상황, 때, 장소, 대화상대자… 등과 관계되는 상황을 구분하여 프랑스어로 전자를 "co-texte", 후자를 "contexte"라고 부르고 있다. 또한 이 두 가지를 통칭하는 술어 "co(n)texte"도 사용하고 있기 때문에 우리말로 각기 구분하여 달리 번역하였다. "언어적인" 것을 지칭하는 "co-texte"를 '문맥', "비언어적인" 것을 지칭하는 "contexte"를 '상황' 또는 '배경'으로 번역하였으며, 이 두 가지 모두를 총칭하는 것으로 "co(n)texte"라는 용어를 사용하고 있는데, 이를 본서에서는 '맥락'이라고 번역하였다.

발화내용이 생길 수 있다.

문장과 그 발화내용에는 의미상의 차이가 있다. 심지어 반어법적으로 말하는 경우처럼 문장과 발화내용의 의미가 모순되는 경우도 있다. 따라서 문장의 의미(sens d'une phrase)와 발화내용의 의미작용(signification d'un énoncé)을 구분한다. 뒤크로(Oswald Ducrot) 등 일부 언어학자들은 이러한 용어를 반대로 사용하여, '문장의 의미작용'(signification d'une phrase)과 '발화내용의 의미'(sens d'un énoncé)[5]라고 사용하기도 한다. 문장의 의미(sens d'une phrase)는 그것이 발화된 상황과는 독립적이다. 그러므로 문장의 의미는 랑그차원에서 예상되는 것이다.

Une phrase, dès qu'elle est prononcée dans un certain **contexte** (circonstances, moment, lieu, interlocuteurs…) et dans un certain **co-texte** (on entendra par ce terme l'entourage linguistique de la phrase), devient un énoncé unique. L'énoncé est du domaine de l'effectif. Une même phrase peut être répétée six fois mais ces six occurrences de phrases donneront six énoncés différents.

Entre la phrase et l'énoncé de cette phrase, il existe des différences sémantiques, voire des contradictions dans le cas, par exemple, d'une phrase énoncée ironiquement. On parlera du **sens d'une phrase** et de la **signification d'un énoncé** (signalons que certains linguistes comme Oswald Ducrot parlent inversement de la signification d'une phrase et du sens d'un énoncé). Le sens d'une phrase est indépendant de la situation dans laquelle elle est prononcée. Il est donc prévisible en langue.

역주5) 뒤크로 등이 명명한 signification d'une phrase는 '문장의미', sens d'un énoncé는 '문맥의미'라고 번역할 수 있다.

랭보(Arthur Rimbaud, 1854-1891)의 「소설」(Roman)이라는 제목의 시를 예로 들어보자. 이 시의 첫 행은 다음과 같은데, 이 행은 마지막 바로 앞 행에서도 반복되었다.

> "On n'est pas sérieux, quand on a dix-sept ans."
> (열일곱 살이 되면, 착실하기만 할 수는 없다.)

위 문장의 의미와 발화내용의 의미작용은 완전히 상반된다. 반어법(ironie)으로 점철되어있는 이 시 전체의 문맥(co-texte)과 자서전적인 시작품이라는 상황(contexte)을 감안해 볼 때, 이 시의 끝부분에서 반복되는 시행은 "On se prend au sérieux, quand on a dix-sept ans"(열일곱 살이 되면, 너는 착실하기만 할 수 없다)와 같은 발화내용으로 이해할 수 있고, 이 때 "on"에는 젊은 날의 랭보가 배제되어 있음을 알 수 있다.

하나의 동일한 문장은 언제나 동일한 문장의미(sens)를 갖게 되지만, 한 문장의 다양한 발화내용들(énoncés)은 여러 가지 다른 의미작용(signification)을 가지게 한다. 그 유명한 반복(répétition)의 해학을 자아낸 몰리에르(Molière, 1622-1673)의 등장인물들의 반복적 응수들에 대해 예를 들어 생각해 보자.

분명히 동일한 문장이 반복되었고, 그 의미(sens)는 변함없더라도, 문장의 각 발화내용(énoncé)의 의미작용(signification)은 다음 2가지 이유에서 달라진다.

첫째, 동일한 문장의 반복은 웃음을 유발한다. 즉, 첫 번째 발화내용은 두 번째보다 덜 우스울 것이며, 두 번째는 세 번째보다 덜 우스울 것이며, 그 다음도 마찬가지일 것이다.

둘째, 문장의 문맥(co-texte)은 발화내용에 따라 달라지며, 그러므로 각 발화내용의 의미작용도 변하게 된다. 몰리에르의 희곡『타르튀프』(*Tartuffe*)[6]의 제1막 4장에서 오르공[7]은 "그리고 타르튀프는?"와 "불쌍한 남자!"를 네 번이나 반복하고 있다.

오르공의 첫 번째 응수는 다음과 같다.

> "그리고 타르튀프는?"

위의 대사는 하녀 도린느의 다음 대사에 이어서 발화된 것이다.

> "부인은 엊그제 알 수 없는 이상한 두통으로 저녁때까지 열이 있었습니다."

이러한 오르공의 대답은 미소를 자아내게 하는데, 그것은 오르공이 자기 부인한테는 주의하지 않고 오히려 타르튀프만 생각하고 있기 때문이다.

오르공의 두 번째 응수가 있기 전에, 도린느는 다음과 같이 타르튀프에 대하여 묘사한다.

> "타르튀프? 그는 매우 건강합니다.

역주6) 타르튀프는 위선적 인물의 전형으로 알려진 등장인물이다.

역주7) 오르공은 타르튀프를 대단한 성자라고 믿고, 자신의 전 재산을 타르튀프에게 증여한다. 반면, 오르공 부인과 하녀 도린느 등은 타르튀프의 본색을 알고 오르공에게 그의 위선을 알게 하려고 계책을 마련하여 마침내 오르공이 타르튀프의 본색을 깨닫게 된다.

살찌고 기름기가 흐르며, 생기 있는 안색과 금빛 입술을 갖고 있지요."

다음 발화도 "그리고 타르튀프는?"으로 이어지는데, 이것은 옅은 웃음 정도가 아니라 폭소를 자아내게 되며, 오르공의 눈치 없음과 집착적인 기질이 드러난다.

위 예문들은 의미와 의미작용의 차이를 보여 준다. 학생들이 여러 번 반복된 문장이 있는 문학 텍스트에 접근할 때는 단 한번으로 텍스트를 설명하지 말아야 하며, 여러 가지 다양한 이해를 통해 텍스트를 풀이해야 할 것이다.

1.2.2. 의미적 환언과 화용적 환언

"Il pleut"(비가 온다)라는 문장은 "pleuvoir"(비가 오다) 동사의 사전적 정의에 의한 동사의 동의어를 사용하여 "De la pluie tombe"(비가 내린다)로 의미적으로 환언할 수 있으며, 혹은 외국어번역 "it's raining", "Es regnet" 등을 통하여 의미적 환언으로 전환할 수 있다.

반면에 발화된 이 문장은 명시적이든 아니든 무한 수의 다른 발화내용(énoncés)으로 환언될 수 있다.

의미적 환언(**paraphrase sémantique**)이란 기존의 문장과 같은 의미를 지닌 환언을 말하는데, 여러 가지 유형의 의미적 환언이 있다.

우선, 통어론적으로 등가를 이루는 환언이 있다. 즉, "Le chat a mangé la souris"(고양이가 쥐를 먹었다)와 "La souris a été mangée par le chat"

(쥐는 고양이한테 먹혔다)는 의미적 환언이다.

"Paul a cassé le vase"(폴이 항아리를 깨뜨렸다)와 "C'est Paul qui a cassé le vase"(항아리를 깨뜨렸던 이는 바로 폴이다)는 의미론적으로 등가일 것이다.

On appellera **paraphrase sémantique** la paraphrase de la phrase ayant le même sens qu'elle. Il existe différents types de paraphrases sémantiques. Tout d'abord, celles qui sont des équivalences syntaxiques : on dira ainsi que *Le chat a mangé la souris* a pour paraphrase sémantique *La souris a été mangée par le chat.*

De même *Paul a cassé le vase* sera équivalent sémantiquement à *C'est Paul qui a cassé le vase.*

등가(équivqlences)는 어휘 층위(ordre lexical)가 관련될 수 있다. 다음 문장들을 비교하여 보자.

a) *Elle a réprimandé son enfant.* (그녀는 자기 아이를 질책했다.)

b) *Elle a grondé son enfan*t. (그녀는 자기 아이를 야단쳤다.)

c) *Elle a engueulé son moutard.* (그녀는 자기 자식에게 욕을 했다.)

d) *Elle s'est fâchée contre son enfant.* (그녀는 자기 아이에게 화를 냈다.)

위의 네 문장은 의미적 환언들이다. 동사들은 유의어이며, 동일한 외연적 의소를 갖고 있다. 그렇지만, 이 동사들의 내포적 의소들은 달라서, b)와 d)는 입말에서 흔히 쓰이는(courant) 표현이지만, a)는 무게있는(soutenu) 표현이며, c)는 평속적인(familier) 표현에 속한다.

이러한 예문들은 우리를 어떤 하나의 유보조항으로 이끈다. 즉, 발화영역 밖의 문장을 고려하는 것은 대단히 어려운 일이며, 의미적 환언이라는 개념이 의미의 완전 일치(calques sémantiques parfaits)를 말하는 것도 아님을 알 수 있다.

"C'est Paul qui a cassé le vase"(항아리를 깨뜨렸던 이는 바로 폴이다)라는 문장은 항아리가 깨졌다는 사실을 사람들이 이미 다 알고 있음을 함의하고 있다. 반면에 "Paul a cassé le vase"(폴이 항아리를 깨뜨렸다)라는 문장에서 사람들은 항아리가 깨졌다는 사실과 그것이 폴의 잘못이라는 사실을 동시에 알게 된다.

또한, 사용되는 언어 수준을 통해서 우리는 화자 또는 잠재적 대화상대자에 관한 정보도 얻을 수 있다.

그래서 언어학자들은 점점 더 발화내용(énoncé)에 대해 관심을 갖는다.

화용적 환언(**paraphrase pragmatique**)이란 발화내용(énoncé)과 동일한 의미작용을 갖는 환언을 말한다. 그렇다면 무슨 이유로 화용적(**pragmatique**)이라는 용어가 사용되었을까?

그리스어 'pragma=행위(action)'라는 어원에서 알 수 있듯이, 화용적 환언이란 어떤 주어진 상황 내에서 특히 어떤 대화상대자에게 행하는 발화내용의 환언이다. 그런데, '화용적'(**pragmatique**)이라는 용어의 두 번째 의미[8])에 주목할 필요가 있다. 발화내용이 순전히 근거 없는 경우는 결코 없다. 언제나 타인을 상대로 하며, 심지어 독백의 경우도 마찬가지다. 이에 대하여 다음 장에서 좀 더 자세히 살펴보겠지만, 발화내용은 종종 어떤 의도를 담고 있으며, 타인에게 어떤 영향을 주고자 한다.

역주8) "pragmatique"(화용적)이라는 말에는 '실행적'이라는 의미 이외에 '실용적'이라는 것도 있다. cf. pragmatisme(실용주의)

ⴷ C'est pourquoi les linguistes s'intéressent de plus en plus à l'énoncé. On entend par **paraphrase pragmatique** la paraphrase de l'énoncé ayant la même signification que lui. Pourquoi le terme **pragmatique**? Comme son étymologie l'indique (le mot grec *pragma* signifiant *action*), une paraphrase pragmatique est une paraphrase de la phrase en action, c'est-à-dire énoncée dans un certain contexte, en particulier face à certains interlocteurs. Mais il faut entendre *pragmatique* dans un second sens. L'énoncé n'est jamais pure gratuité. Il est toujours adressé à autrui, même dans le cas d'un monologue et, de ce fait, comme nous le verrons plus amplement dans les chapitres suivants, il est souvent chargé d'une intention, il vise à agir sur l'autre.

"Il pleut"(비가 온다)도 상황에 따라 무한히 가능한 화용적 환언이 있을 수 있다. 예를 통해 살펴보자.

a) *Il faut rentrer le linge.* (빨래를 걷어야 해.)

b) *Nous ne pourrons pas aller nous promener.*
(우리는 산책하러 가지 못할 거야.)

c) *Le niveau de la Seine va encore monter.*
(센느강의 수위가 더 올라갈 거야.)

d) *Pierre va être de mauvaise humeur.* (피에르는 기분이 좋지 않을 거야.)

etc.

위의 화용적 환언들(paraphrases pragmatiques)은 모두 "Il pleut"(비가 온다)라는 발화내용(énoncé)의 귀결(conséquence)이라는 것이 공통점이다. 그런데 이러한 귀결들은 b), c), d)과 같이 단언형(type déclaratif)이거나 혹은 a)의 경우처럼 명령형(injonctions)이기도 하다.

이른바 화용적인 것은 바로 a)와 같은 유형의 환언으로서, 일종의 간접 명령(ordre indirect)이다. 수많은 발화내용은 완곡어법(euphémisation: 경어법 politesse, 외교술 diplomtie…)에 의하여, 보통 명시적으로 발화되지는 않지만 명령을 담고 있는 화용적 환언이기 쉽다. 필자에게 "Votre texte est long"(당신의 원고는 길다)라고 말하는 출판업자는 "Il faut le raccourcir"(당신의 원고를 줄여야만 한다)라는 화용적 환언을 함의하고 있는 것이다.

어떤 화용적 환언들은 명시적(explicites)이기도 한데, 이것들은 발화내용에 대해 논리적으로 수반된 것들이다. 다음 노래를 보자.

Il pleut, il pleut, bergère
Rentre tes blancs moutons,
비가 오네, 비가 오네, 양치기소녀여
너의 흰 양들을 들여 넣어라

위에서 두 번째 행은 첫 번째 행의 화용적 환언이다.

어떤 발화내용은 문자 그대로 받아들여서는 안 되며, 오히려 화용적 환언으로 이해해야 한다. 이것들은 대부분 묵시적인(implicite) 차원에 있기 때문에, 말은 오해의 근원이 되기 쉽다.

보기 최근에 필자는 친구와 함께 차를 타고 있었고, 운전은 친구가 하고 있었다. 우리가 순환도로 입구에 거의 도착했을 때, 도로 공사작업을 보면서 다음의 대화를 하게 되었다.

친구: Y a-t-il du monde sur le périphérique?
(순환고속도로에 사람들이 많이 있을까?)

필자: Non. (아니.)

친구: Mais si! (천만에 그럴 거야!)

친구의 질문은 "내가 순환도로를 이용할 수 있을까?"(Puis-je prendre le périphérique?)라는 화용적 환언을 상정할 수 있는데, 필자는 친구의 질문을 당연히 그렇게 이해했었다. 그런데 친구의 말과 위의 화용적 환언 사이에는 사실 1차 귀결문이라고 볼 수 있는 하나의 연결고리가 생략되었는데, 이것에 의해 "내가 순환도로를 이용할 수 있을까?"(Puis-je prendre le périphérique?)라는 2차 귀결문을 얻게 된다. 필자와 내 친구가 서로 다르게 생각했던 1차 귀결문의 차이로 인해 오해가 생기게 된 것이다. 즉, 친구는 "순환고속도로가 개방되어 있을까?"(Le périphérique est-il ouvert?)라는 화용적 환언을 생각했었고, 반면에 필자는 "차가 너무 많아서 도로가 복잡하지 않을까?"(Y a-t-il des embouteillages?)라는 환언을 생각했던 것이다.

이 사례는 일상생활에서 우리의 말(parole)이 어느 정도로 우회적이며, 얼마나 명시적이지 않은가를 잘 보여 주고 있는 예이다.

2. 명시(explicite)와 묵시(implicite)

Petit Robert 사전에 의하면, 명시(**explicite**)란 «실제로 표현되고, 표방적이며, 발화내용에서 충분히 명백하여 의심의 여지가 없는 것»을 말한다. 역으로, 묵시(**implicite**)란 «형식적으로 표현되지 않은 어떤 명제나 사실에 잠재적으로 담겨져 있는 것이며, 연역이나 귀납에 의해 얻어지는 것»을 말한다. '명시'의 반대어로 사전에서는 묵시, 암시(allusif), 모호(confus), 회피(évasif), 함의(sous-entendu)를 언급하고 있다.

화용적 환언들은 원래의 발화내용에서 얻어지는 분명하게 표현되지 않은 발화내용들로서, 묵시적인 것에 속한다. 그러나 묵시적인 것은 여러 가지 다른 양상을 띠고 있는데, 특히 혼동하지 말아야 할 것으로 전제(**présupposé**)와 함의(**sous-entendu**)가 있다. '전제'는 '함의'와는 달리 표현될 수 있는 것이다.

D'aprés le *Petit Robert*, est **explicite** «ce qui est réellement exprimé, formulé, ce qui est suffisamment clair dans l'énoncé et ne peut laisser de doute». Inversement, est **implicite** «ce qui est virtuellement contenu dans une proposition, un fait, sans être formellement exprimé et peut en être tiré par déduction ou induction». Comme antonymes d'*explicite*, le dictionnaire propose *implicite*, *allusif*, *confus*, *évasif*, *sous-entendu*.

Les paraphrases pragmatiques, en tant qu'énoncés non clairement exprimés, se déduisant d'un énoncé premier, appartiennent donc à l'implicite. Mais l'implicite revêt différents visages, en particulier le **présupposé** — qui, contrairement au sous-entendu, peut d'ailleurs être exprimé — et le **sous-entendu** qu'il ne faut pas confondre.

2.1. 신정보, 전제, 함의

2.1.1. 신정보와 전제

논리학자 러셀의 예문인 "프랑스의 왕은 대머리이다"라는 문장을 통하여 알려주고 있는 것, 알게 되는 것, 즉 신정보(**posé**)는 '프랑스의 왕이 대머리'라는 것이며, 반면에 상대방이 이미 알고 있다고 취급되는 전제(**présupposé**)는 당연히 '프랑스의 왕이 존재한다는 것'이다. 그러나 발화내용이 참인지 거짓인지를 정해주는 진리조건들을 위의 문장이 갖추고 있지 않기 때문에 전제를 위와 같이 규정하는 데는 이의가 있을 수 있다.

"프랑스의 왕은 대머리이다"라는 문장을 통해 '전제와 신정보'라는 한 쌍의 용어와 '주어와 술어' 또는 '주제와 언평'이라는 다른 쌍을 이루는 용어들과 구분해볼 수 있다. 이것들은 일치할 수도 있고 그렇지 않을 수도 있다.

- 주어(**sujet**)와 술어(**prédicat** : 주어에 대하여 말하는 것)
- 주제(**thème** : 화제의 대상)와 언평(**rhème** : 주제에 대하여 알게 되는 것)

"프랑스의 왕은 대머리이다"에서의 전제는 주제이면서 동시에 주어인 '프랑스의 왕'이며, 신정보는 언평(rhème)과 술어(prédicat)인 '대머리이다'와 일치한다.

그러나 "Paul a dénoncé Marie"(폴은 마리를 고발했다)라는 문장에서 전제는 묵시적이긴 하지만 '마리가 잘못을 저질렀다'이며, 주어는 '폴'이 된다. 하지만 우리가 아는 것이라고는 이 문장이 전부이기 때문에,

우리는 실제로 주제와 언평에 대해서는 말할 수는 없다.

- **le sujet**, et ce qui est dit du sujet : **le prédicat** ;
- **le thème**, à savoir ce dont on parle et **le rhème**, à savoir ce qu'on apprend sur le thème.

Dans la phrase *Le roi de France est chauve*, le présupposé est en même temps le thème et le sujet (*Le roi de France*). Quant au posé, il coïncide avec le rhème et le prédicat (*est chauve*). Mais dans la phrase *Paul a dénoncé Marie*, le présupposé, implicite, est que Marie a commis une faute, le sujet est Paul et on ne peut pas réellement parler de thème et de rhème, puisque ce qu'on apprend est l'ensemble de la phrase.

역시 다른 예로, "C'est Paul qui a cassé le vase"(항아리를 깨뜨렸던 이는 바로 폴이다)라고 했을 때, 신정보는 '폴의 유죄성'이며, 전제는 '항아리가 있었다는 것'과 '항아리가 깨졌다는 사실'이다.

전제란 접두사 pré-(前-)에서 볼 수 있듯이 이미 알고 있는 것을 의미한다. 이것은 우리가 귀납(induction)에 의해서 알게 되는 일종의 어떤 예비 정보(avant du posé)로서, 전제는 대체로 상황(contexte)이나 문맥(co-texte)을 고려하지 않고서도 문장의 차원에서 파악해낼 수 있는 것이다.

그러나 문장의 발화행위의 배경(situation) 만이 전제와 신정보가 무엇인지 알아볼 수 있는 경우가 생기기도 한다. "나는 피에르와 영화관에 간다"(Je vais au cinéma avec Pierre)라는 발화내용을 생각하여 보자. 이것은 "너는 어디에 가니?"(Où vas-tu?)라는 질문의 대답일 수도 있고, 이때 신정보는 '피에르와 함께 영화관에'(au cinéma avec Pierre)이다. 또 한편 "누구와 함께 영화관에 가니?"(Avec qui vas-tu au cinéma?)라는 질문의 대답일 수도 있으며, 이때의 신정보는 '피에르와 함께'(avec Pierre)일 것이다.

그런데 언어는 경제법칙에 의해서 전제를 그대로 반복하지 않고, 생략(ellipse)이나 대용(anaphore)을 하는 경향이 있음을 유의해야 한다. 그래서 만일 질문이 "누구와 함께 영화관에 가니?"(Avec qui vas-tu au cinéma?)라고 물었다면, 가장 흔한 대답은 "피에르와 함께"(Avec Pierre) 또는 "피에르와 함께 거기에 간다"(J'y vais avec Pierre)일 것이다.

다른 예로서, "폴은 자기 모친의 장례식에 갔다"(Paul est allé à l'enterrement de sa mère)라는 문장을 살펴보면, 전제는 '폴의 모친의 죽음'이다. 위 문장을 부정문 "폴은 모친의 장례식에 가지 않았다"(Paul n'est pas allé à l'enterrement de sa mère)와 의문문 "폴이 모친의 장례식에 갔었니?"(Paul est-il allé à l'enterrement de sa mère?)로 바꾸어 본다면, 전제 '폴의 모친이 죽음'은 여전히 불변하지만, 신정보는 부정문에서의 신정보 '폴이 모친의 장례식에 가지 않았다는 것'과 긍정문에서의 신정보 '폴이 모친의 장례식에 갔다는 것'과 서로 상반됨을 볼 수 있다.

이와 같이, 문장이 긍정이든 부정이든 의문이든 전제의 불변성(invariance)은 전제를 식별하도록 해주는 중요한 기준들 중의 하나이며, 이것은 또한 전제와 함의를 구별하게 해주는 기준이기도 하다.

2.1.2. 전제와 함의

"C'est Paul qui a cassé le vase"(항아리를 깨뜨렸던 이는 바로 폴이다)라는 예문을 보자. 우리는 이러한 발화내용에서 무엇을 함의할 수 있겠는가? 폴이 서툴다는 것, 생각했던 바와는 달리 항아리를 깨뜨린 사람이 마리가 아니라는 것, 또는 폴이 보기 흉한 항아리를 깨뜨림으로써 그의 일생에 가장 멋진 행위를 했다는 것 등을 함의할 수 있다.

만약 발화내용이 "Ce n'est pas Paul qui a cassé le vase"(항아리를 깨뜨렸던 이는 폴이 아니다)처럼 부정문이었다면, 그에 따른 함의들은 또 어떨까? 위에 든 가능한 함의들은 더 이상 유효하지 않고, 다른 함의, 예컨대 '우리가 폴에 대하여 잘못 판단했었다' 등으로 대체될 것이다.

이러한 예들을 통해, 함의(sous-entendu)와 전제(présupposé)는 둘 다 묵시적인 양태이기는 하지만, 아주 다른 기능을 가지고 있는데, 주요 차이점은 다음과 같다.

- 전제는 문장이 긍정이건 부정이건 의문이건 변함이 없으나, 함의는 그렇지 않다.

- 전제란 상대방도 알고 있는 내용이라고 간주되는 것이며, 신정보 이전에 주어진 정보(avant du posé)인 반면, 함의는 진정한 화용적 환언(véritable paraphrase pragmatique)이며, 연역(déduction)이며 귀결(conséquence)로서, 신정보 이후에 얻어지는 정보(après du posé)에 해당된다.

- 전제란 화자와 상대자 모두에게 골고루 알려진 정보이다. 반면에

함의는 오해의 원천이 되기도 한다. 왜냐하면 화자가 함의하는 바를 상대방이 다르게 이해하든 안하든, 화자는 의도적이든 아니든 어떤 것을 함의하기 때문이다.

- 전제는 수적으로 유한하지만, 함의는 다수(multiples)일 수 있다.
- 전제는 일반적으로 상황(contexte)이나 문맥(co-texte)의 도움 없이도 찾을 수 있으므로 '문장'과 의미론에 속한다. 반면에, 함의는 상황(contexte)과 밀접한 관계가 있다. 그래서 '발화내용'에 속하며 화용론적인 기능을 가지고 있다.
- 언어학자들이 여러 가지 전제관계의 유형들과 전제를 밝혀내는 언어학적 방법들을 제시할 수 있지만, 함의의 영역은 전혀 형식화할 수 없다.

On voit à travers ces quelques examples que le sous-entendu et le présupposé, tout en étant deux modes de l'implicite, ont un fonctionnement bien différent. Voici leurs principales différences :

- le présupposé demeure inchangé, que la phrase soit affirmative, négative ou interrogative, contrairement au sous-entendu ;
- si le présupposé est ce qui est censé être connu de l'interlocuteur, s'il est un avant du posé, le sous-entendu, véritable paraphrase pragmatique, est une déduction, une conséquence, en quelque sorte un après du posé ;
- le présupposé est censé être une évidence partagée par le locuteur et l'interlocuteur, alors que le sous-entendu peut être source de malentendus, le locuteur sous-entendant volontairement ou non quelque chose que l'interlocuteur ne saisit pas ou saisit différemment ;
- les présupposés sont en nombre fini, alors que les sous-entendus peuvent être multiples ;

- les présupposés peuvent en règle générale être trouvés sans avoir recours au contexte ou au co-texte : ils appartiennent à la phrase et donc à la sémantique ; les sous-entendus dépendent étroitement du contexte : ils appartiennent à l'énoncé et ont une fonction pragmatique ;
- le linguiste peut repérer les différents types de présupposition et les procédés linguistiques révélant le présupposé, mais le domaine des sous-entendus n'est guère formalisable.

2.2. 전제관계의 언어기제

2.2.1. 전제관계의 구조

전제관계를 도출해내는 언어현상에 관한 모든 유형들을 작성하는 것은 어렵겠지만, 그 중 몇 가지는 들 수 있다.

◎ 주관성(subjectivité)을 표현하는 주절의 동사가 있는 문장

보기 "se réjouir"(기쁘다), "regretter"(유감이다)…" 등의 감정동사(verbes de sentiment)가 주절의 동사일 때.

"Je suis heureux qu'il vienne"(나는 그가 오는 것이 기뻐)라는 문장에서, 주절의 내용 '나는 기쁘다'는 신정보이며, 보족절(proposition complétive)의 내용 '그가 오는 것'은 전제이다. 또한, 주절의 동사를 부정으로 바꾸어서 "Je ne suis pas heureux qu'il vienne"(나는 그가 오는 것이 기쁘지 않아)로 표현해도 전제는 전혀 변함없다.

◎ 보족절의 내용에 대하여 참 / 거짓을 판단하는 동사가 주절에 쓰인 문장

보기 "savoir"(알다), "ignorer"(모르다), "se douter"(의심하다), "s'imaginer" (생각하다)… 등의 동사.

언어학자 Karttunen은 이러한 동사가 보족절의 사행에 대하여 '진실'(vérité)을 전제할 때는 사실동사(**verbes factifs**)라고 명명했으며, '거짓'(fausseté)을 전제할 때는 반사실동사(**verbes contrefactifs**)라고 명명했다.

예를 들면, "Paul sait que Marie viendra à la soirée"(폴은 저녁파티에 마리가 올 거라고 알고 있다)는 "Marie viendra à la soirée"(마리가 저녁파티에 올 것이다)라는 전제를 가지는데, 여기는 2가지 유의사항이 있다.

- "Paul sait que Marie viendra à la soirée"(폴은 저녁파티에 마리가 올 거라고 알고 있다)에서 "que"는 보족(complétive) · 접속(conjonctive) · 종속절(subordonnée)을 이끄는 종속접속사이다. 만약 주절 동사를 부정하여 "Paul ne sait pas (또는 ignore) que Marie viendra à la soirée"(폴은 저녁파티에 마리가 올 거라고는 것을 알지 못 한다 / 모른다)로 말하여도 전제는 변함없다.

- 종속접속사 대신 의문부사 "si"(~인지)로 대체하면 경우는 달라진다. "Paul sait (또는 ne sait pas) si Marie viendra à la soirée"(폴은 저녁파티에 마리가 올 것인지 알고 있다 / 알지 못한다)라는 문장은 '마리가 오는 것', '마리가 오지 않는 것' 그 어느 것도 전제하지 않는다. 이것이 바로 의문(interrogation)의 속성이다.

그리고 또, 사실/반사실 동사와 의견동사(verbes d'opinion)[9]를 혼동하지 말아야 한다. "Je pense (또는 je crois) que Marie viendra à la soirée"(나는 저녁파티에 마리가 올 거라고 생각한다 / 믿는다)와 같은 문장은 '마리가 오는 것'을 전제하지 않는다. 단순히 '마리가 올 수 있는 가능성' 만을 알려줄 뿐이다. 더구나, 부정문 "Je ne pense pas (또는 je ne crois pas) que Marie vienne à la soirée"(나는 저녁파티에 마리가 올 거라고 생각하지 않는다 / 믿지 않는다)로 바꾸면, 종속절의 동사가 접속법으로 쓰인 것(vienne)을 통해 알 수 있듯이, '마리가 올 가망이 희박하다'는 정보가 확실해진다.

또 다른 언어현상을 보아도 이것이 확실해진다. "Je ne pense pas que Marie vienne à la soirée"(나는 저녁파티에 마리가 올 거라고 생각하지 않는다) 대신에 "Je pense que Marie ne viendra pas à la soirée"(나는 저녁파티에 마리가 오지 않을 거라고 생각한다)로 바꾸어 말해도 '마리가 올 가능성이 희박하다'라는 정보가 분명해진다. 즉, 주절의 동사가 부정되든 종속절의 동사가 부정되든, 부정(négation)으로 인한 실질적인 의미변화는 일어나지 않는다. 주절이 사실/반사실 동사는 당연히 이러한 가능성을 갖고 있지 않다. 왜냐하면 보족절의 내용은 주절의 동사가 긍정이든 부정이든 변하지 않는 전제에 해당되기 때문이다.

◎ 변동동사가 있는 문장

변동동사(**verbes transformatifs**)란 동사 자체에 경계의 개념을 가지고 있어서, 이 경계 너머로 행위가 연장될 수는 없고 다시 시작될 수만

역주9) 의견동사 : penser, croire, etc.

있는 동사를 말한다.

보기 "marcher"(걷다)와 "sortir"(외출하다)를 비교해보자.

"Je me suis levé"(나는 일어났다)의 경우처럼, "Je suis sorti"(나는 외출했다)에서는 어떤 변동(transformation) 즉, 어떤 상태에서 완료된 행위를 수반하는 또 다른 상태로의 전이(passage)가 일어났다. 반면, "J'ai marché"(나는 걸었다)는 어떠한 변동도 가져오지 않는 행위이다.

또한, 변동동사가 자동사일 때에는 '상태, 완료된 행위의 결과'를 나타내주는 조동사 "être"와 복합시제를 형성하는 반면, 비변동동사의 경우는 조동사 "avoir"와 복합시제를 만든다.

변동동사는 상태의 변동을 의미하기 때문에 본래의 처음 상태를 전제한다. "Paul est sorti"(폴이 외출했다)라는 말은 '폴이 실내에 있었음'을 전제하며, "Je me suis levé"(나는 일어났다)는 '내가 앉아 있었거나 누워 있었음'을 전제한다.

◎ 상을 표현하는 반조동사 또는 부사가 있는 문장

상(**aspect**)이란 사행의 내적 시간성과 관련된 문법범주를 말한다.

보기 "Soudain, il pleura"(갑자기 그는 울었다)에서 단순과거(passé simple)는 기동상(**aspect inchoatif**) 즉, 사행의 시작(commencement)을 나타낸다. "Il pleura"(그는 울었다)는 상을 표현하는 반조동사로서 기능하는 "se mettre à"(~하기 시작하다)가 쓰인 문장 "Il se mit à pleurer"(그는 울기 시작했다)와 등가이다. 이러한 문장에서는 '그는 이전에는 울지 않았다'는 것을 전제한다.

다른 보기를 들어보자. "Il a cessé de fumer"(그는 담배를 끊었다)와

"Il continue de fumer"(그는 담배를 계속 피운다)를 비교해보면, 알게 되는 정보들(posés)은 상반되지만, 전제(présupposé)는 '그가 전에 담배를 피웠다'는 것으로 동일하다.

부사 "encore"(여전히)와 "déjà"(이미)는 상반된 기능을 한다. 즉, "Paul est encore là"(폴은 아직도 거기에 있다)와 "Paul est déjà là"(폴은 이미 거기에 있다)에서 알 수 있는 정보는 두 문장 모두 '폴이 존재한다'는 것이지만, 전제는 상반된다. 즉 "Paul est encore là"(폴은 아직도 거기에 있다)는 '그가 이미 전에 있었다'는 것을 전제하지만, "Paul est déjà là"(폴은 이미 거기에 있다)는 '그가 전에는 거기 없었다'라는 것을 전제한다.

간혹 더 복잡한 분석도 있다. "commencer à"와 "se mettre à"에 대한 프랑켈(Franckel)의 연구를 생각해 보자. 만약 "se mettre à + P"(P하기 시작하다)가 '이전에 P하지 않았다'는 것을 전제한다면, "commencer à"는 "Il commence à pleuvoir"(비가 오기 시작한다)의 경우처럼 "se mettre à"와 동일한 전제 '이전에는 ~하지 않았다'는 것을 전제할 뿐만 아니라, "Je commence à en avoir marre"(나는 지겨워지기 시작한다)처럼 '이전에는 진정으로 P하지 않았다'는 것도 전제한다.

◎ 비한정 부가형용사가 있는 문장

이것은 품질형용사(adjectifs qualificatifs)나 동격으로 쓰인 관계종속절과 관련될 수 있다. 부가형용사(épithète)가 한정적(déterminative) 기능을 갖지 않는 것은 새로운 정보를 가져온다고 보지 않기 때문이다. 즉, 부가형용사는 신정보(posé)에 속하지 못한다. 이것은 명사 앞에 놓여 명사에 있는 의소(sèmes)를 부각시켜주는 전치형용사(adjectif antéposé)의 경우이다. 즉, "la verte vallée"(푸른 계곡) 또는 "du bouillant Achille"(격정적인 아킬레우스)에서 보듯이, 형용사의 전치(antéposition)는 이미 잘 알려져 있다고 상정되는 특징이나 확실한 것을 알린다.

어떤 동격 관계절도 이런 기능을 하는 경향이 있다. "Les Allemands, qui boivent beaucoup de bière, sont gros"(맥주를 많이 마시는 독일인들은 뚱뚱하다)에서는 '독일인들의 비만'에 대하여 알려주고 있는데, 비만의 원인은 관계사절에서 얘기하고 있는 내용으로서, 이것에 대해서는 모든 이가 이미 알고 있다고 간주한다. 게다가, 원인의 전치 표현이 무의미한 것은 아니다. "Les Allemands sont gros parce qu'ils boivent beaucoup de bière"(독일인들은 뚱뚱한데, 그 까닭은 그들이 맥주를 많이 마시기 때문이다)의 문장에서, 신정보(posé)는 원인의 상황 종속절 속에 있다. 요컨대, 이미 알고 있는 것으로 문장을 시작하는 것이 선험적으로(a priori) 더 논리적이다.

◎ 부분의문문

부분의문문(**interrogation partielle**)에서, 의문은 '예 / 아니오'로 대답할 수 없는 질문의 어떤 한 요소와 관련되는 반면, 완전의문문(**interrogation totale**)은 발화내용 전체와 관련된다. "Avec qui Paul ira-t-il au cinéma?"(누구와 함께 폴은 영화관에 갈 건가요?)와 같은 부분의문문은 '폴이 영화관에 갈 것이다' 혹은 '폴이 영화관에 갈 생각이다'라는 것을 전제하고 있다. 대답 속에서 신정보는 폴이 영화관에 '누구를 동반할 것인가'이다.

그러므로 문장의 상황보어가 언제나 동일하게 쓰이지 않음을 볼 수 있다. 즉, 상황보어들은 상황이나 문맥, 혹은 억양에 따라서 신정보의 일부가 되기도 하며 전제의 일부가 되기도 한다. 언어는 알리고자 하는 것, 원칙적으로 신정보를 강조하기 위하여 여러 가지 방법을 사용한다. 다음과 같은 방법들이 있다.

- 억양(intonation) : 억양도 그 방법들 중의 하나이지만, 언어는 또 다른 방법을 사용할 수 있다.
- c'est··· que, c'est··· qui : 신정보를 담아서 표현할 수 있는 "c'est··· que", "c'est··· qui"(바로 ~이다) 등의 도입사(présentatif) 또는 분할구성(**construction clivée**)을 사용한다.

- 외치(extraposition) : "Pierre, je l'ai rencontré dans la rue"(피에르, 나는 그를 길에서 만났다)와 같이, 입말에서 흔히 사용한다.

- 선험적으로 문장의 전제를 이루고 있는 것이 실은 화자가 상대방에게 전하고자 하는 정보를 담고 있는 경우가 있다. **보기** 어느 사교 모임에서 한 초대자가 상대방에게 "지난달에 발레아레스군도[10]에서 내가 심한 감기에 걸렸어"라고 말한다면, 이 초대자는 주목을 끌기 위해 일부러 자연스럽고 평범한 방식으로 그가 알리고 싶어하는 정보[11]를 전제인 것 같은 대목 안에 교묘히 삽입했을 가능성이 많다.

- 신정보(posé)와 전제(présupposé)는 수많은 단어들의 사용 속에서도 볼 수 있는 2가지 기본개념이다. **보기** 라 퐁텐느(La Fontaine) 우화 『늑대와 양』(*Le Loup et l'Agneau*)의 첫 구절 "Un agneau se dé-

역주10) 고급 휴양지로 알려진 스페인의 다도해.

역주11) 스페인의 Baléares 군도가 고급 휴양지임을 전제하는데, 화자 자신이 그러한 장소에 어울리는 사람임을 은근히 피력하고 있다.

saltérait…"(한 마리의 양이 목을 축이고 있었는데…)에서, 부정관사 "un"이 '양의 존재'를 제시하고 있다면, 이것은 또한 다른 양들의 존재도 전제한다. 같은 우화 제10행 "Sire, répond l'agneau…"(나리, 하고 그 양이 대답한다…)에서 사용된 정관사(l'agneau)는 이미 알고 있는 영역에 속하는 양임을 전제한다.

이러한 사례는 많이 볼 수 있지만, 다음 두 가지 경우를 자세히 다루는 것으로 만족하기로 한다.

2.2.2. "Puisque" vs "Parce que"

"puisque"(~이기 때문에)와 "parce que"(이유는 ~때문이다)의 기능에 관한 연구를 소개하기 위해, 보마르쉐(Beaumarchais)의 『피가로의 결혼』(Mariage de Figaro) 제1막 9장의 서두를 인용하여 보자.

백작의 음악교사이며 오히려 성악교사라고 할 수 있는 바질리오(Bazile)가 수잔나와 함께 백작이 성주의 권리(『피가로의 결혼』에서, 신하 부인의 혼인 첫날밤에 대한 성주의 초야권)를 행할 수 있도록 수잔나를 설득하고 있는데, 아래 장면은 바질리오가 수잔나와 얘기하고 있을 때이다. 이때 백작이 수잔나의 방안에 급히 숨었으나 바질리오는 모르고 있다.[12]

아래 대화를 살펴보자.

역주12) 바질리오가 오기 전에 이미 백작이 수잔나에게 와서 그녀와 이야기를 하고 있던 중에 바질리오가 나타났으므로 백작이 얼른 수잔나의 방안에 숨게 된 것이다.

바질리오 - 수잔나, 주인나리를 보지 못했나요?

수잔나 (갑작스럽게) - 뭣 때문에 내가 그를 뵈어야 하나요? 날 내버려둬요.

바질리오 (다가가며) - 당신이 더 생각해 본다면, 내 질문에 대하여 놀랄 것이 없을 텐데요. 주인나리를 찾고 있는 이는 바로 피가로이지요.

수잔나 - 그럼 피가로가 당신 다음으로 자신에게 해를 입히고자 하는 사람을 찾고 있단 말인가요?

백작 (방백으로) - 바질리오가 나를 어떻게 섬기나 좀 보자.

바질리오 - 부인이 행복하게 되기를 바라는 것이 남편에게 불행을 주는 겁니까?

수잔나 - 아니지요, 당신 같은 사람은 근본적으로 나빠요, 나쁜 일의 끄나풀이나 하고서.

바질리오 - 다른 이에게 헌신하지 말라고 우리가 여기서 당신에게 무엇을 요구하나요? 우리가 어제까지 당신에게 금지시켰던 당신의 혼례식이 내일 허락되는 흐뭇한 이 마당에.

수잔나 - 당치도 않는 소리!

바질리오 - 모든 중대한 것 가운데서 내가 생각하기로는 결혼이란 가장 우스운 것으로서…

수잔나 (화내며) - 차마 더 들을 수 없군요. 누가 당신을 이곳에 들여보냈죠?

바질리오 - 어이쿠, 일이 잘못되어 가는군! 신이 당신을 진정시켜 주길! 어차피 당신이 원하는 대로 되겠소만, 내가 피가로를 주인나리에게 해가 되는 방해물로 여긴다고는 생각지마오; 다만 그 하인 놈만은 별도지만…

수잔나 (머뭇거리며) - 케루비노 말이에요?

바질리오 (그녀를 흉내 내며) - 사랑에 미친 케루비노 말이지, 그 녀석은 끊임없이 당신 주위를 맴돌며, 오늘 아침에도 내가 이곳을 떠나면 여기에 들어오려고 이 부근에서 배회하고 있겠지. 사실이 아닌가 어디 말해 봐요.

수잔나 - 이런 협잡꾼! 나가시오, 이 나쁜 사람!

바질리오 - ①나는 나쁜 사람이오, <u>왜냐하면</u> 나는 잘 보기 때문이지요.[13] 이것은 당신을 위해 케루비노가 숨기고 있던 연가 아닌가요?

수잔나 (화내며) - 아! 그래요, 나에게 주려고 한 거예요!

바질리오 - 케루비노가 주인마님을 위해 그 연가를 만들지 않았다면 괜찮지만! 사실, 사람들은 케루비노가 식탁에서 주인마님께 시선을 주고 있다고 말하지요!… 그러나, 죽일 놈! 그런 짓을 하면 못쓰지! 주인나리께서 알면 벼락이 떨어질걸.

수잔나 (화내며) - 그런 소문을 퍼뜨려서 그 가엾은 아이가 주인나리의 은총을 잃게 하려 하다니, 당신은 배은망덕한 사람이에요.

바질리오 – 내가 소문을 만들었나요? ②모든 사람들이 그 소문에 대하여 얘기하고 있기 <u>때문에</u> 나도 그것을 말할 뿐이오.[14]

백작 (일어서며) - 무엇이라고, 모든 사람이 그런다고!

수잔나 - 아, 이를 어쩌나!

바질리오 - 어이쿠!

백작 - 바질리오, 달려가서 그 놈을 쫓아버려.

바질리오 - 아! 잘못 들어왔군!

수잔나 (당황하며) - 어쩌나!

백작 (바질리오에게) - 수잔나가 놀랐으니 안락의자에 앉히자.

수잔나 (그를 심하게 밀치며) - 앉고 싶지 않아요. 이렇게 남의 방에 함부로 들어오는 것은 실례예요!

백작 - 친애하는 수잔나, 너하고 우리 둘이 있지. 더 걱정할건 없어!

바질리오 - ③주인나리께서 <u>들으셨으므로</u>, 제가 시자 케루비노에 대하여 농담한 것은 죄송합니다[15]; 별 감정이 있어서 그런 건 아니고, 심중을 알아보려고 그런 거지요…

9장의 서두에는 “parce que”(왜냐하면 ~때문이다)와 “puisque”(~이기 때문에)로 도입되는 두 절이 있는데, 이 두 접속사의 사용은 전제와 밀접한 관계가 있다.

역주13) 원문 : On est un méchant homme, <u>parce qu</u>’on y voit clair.

역주14) 원문 : Je le dis <u>parce que</u> tout le monde en parle.

역주15) 원문 : Moi je suis désolé de m’être égayé sur le page, <u>puisque</u> vous l’entendiez.

①에서, 주절 '나는 나쁜 사람이오'(On est un méchant homme)는 수잔나가 바로 앞에서 '나쁜 사람'이라고 말한 것을 되받은 것이다. 반면에 접속사 "parce que"는 새로운 사항을 언급하고 있다. 바질리오는 인과관계를 제기하고 있는데, 수잔나가 이미 '바질리오는 나쁜 사람'이라고 언급했으므로 그가 나쁜 사람이라는 결과는 전제의 범주에 속하게 된다.

②에서 주절 '내가 그것을 말할 뿐이오'(Je le dis)는 '소문'(bruits)을 되받은 것인데, 그런 '소문'을 퍼트린 바질리오를 수잔나가 비난하고 있다. "parce que"로 도입되는 접속절은 수잔나 뿐만 아니라 엿듣고 있는 백작에게도 새로운 사항으로서, 백작이 바로 숨었던 곳을 나오며 "뭐라고, 모든 사람들이 그런다고!"(Comment, tout le monde en parle!) 하며 고함치게 된다.

위의 ①과 ②에서는 이유가 언급되었다. 이러한 원인은 ①에서는 바질리오의 태도에 대한 설명이며, ②에서는 바질리오가 한 말을 정당하게 해준다. 주절은 새로운 것에 대하여 아무 것도 언급한 바 없다. 그렇다고 언제나 그런 것은 아니다.

어느 교사가 강의 도중에 와서 학생들에게 "Je ne ferai pas cours la semaine prochaine parce que j'assiste à un colloque"(토론회 참석 때문에 다음 주에는 수업을 하지 않을 것이다)라고 알린다면, 문장 전체가 신정보에 해당되기도 한다. 이때 학생들은 '교사의 부재'와 '교사의 부재 원인'을 알게 된다.

③을 살펴보면, "puisque"(~이기 때문에)는 "당신이 그것을 들었다시피"를 이끄는데, 여기의 "당신"은 대화상대자 백작을 가리키며, 대명사 '그것'은 백작이 숨어서 사실상 들었던 케루비노에 대한 바질리오의 모든 험담을 가리킨다. 앞에서 살펴본 문장들과는 달리, ③의 문장에서는 주절 속에 백작의 시자에 대하여 얘기한 '바질리오의 후회'가 언급되었다. 그렇지만 "puisque"가 이끄는 절의 내용은 신정보가 아니라 전제이다.

이러한 두 접속사의 형성과정도 주목할 만하다. "par**ce** que"는 "par ce fait, à savoir que" '이러한 사실, 즉 접속사 que 이하의 사실에 의하여'로 해석할 수 있는데, "par"(~에 의하여)는 "ce"에 의해 제시되는 이유를 도입하며, "ce"는 "que"에 의해 계속 전개된다.

반면에 "puisque"는 제시하고 보고적(cataphorique) 기능이 있는 지시사(démonstratif) "ce"를 가지고 있지 않다. 대신에 부사 "puis"가 쓰였는데, 이 부사는 선행된 어떤 것을 전제한다. 따라서 "puisque"는 이미 생각했거나 말해졌던 것을 다시 표현한다. 여기서 이미 알려진 것으로 간주되는 이유를 도입하는 역할, 즉 일종의 대용적(anaphorique) 기능이 유래되었다.

그렇다면, 제5막 3장에서 피가로가 하는 유명한 독백(monologue)이 어떻게 설명되는지 살펴보자.

> "Parce que vous êtes un grand seigneur, vous vous croyez un grand génie!…"
> (당신은 위대한 성주이시기 때문에, 자신을 위대한 천재라고 생각하시는도다!…)

백작이 사실 '위대한 성주'인 것은 모두에게 확실한 것이지만, '위대한 성주'인 것과 '위대한 천재'인 것 간의 인과적이며 논리적인 관계는 논박의 소지가 있다.

한편으로 "puisque"는 이미 알려진 사항뿐만 아니라 두 절간의 인과관계가 확실한 것도 알려주게 되는데, 그래서 논리적 전개를 위한 중축의 하나인 접속사 "puisque"가 기하학에서 빈번히 사용된다.

> "*Puisque vous êtes un grand seigneur, vous vous croyez un grand génie!"
> (*당신은 위대한 성주이시므로, 자신을 위대한 천재라고 생각하시는도다!)
> 라는 문장은 받아들일 수 없다.

비문법적인 문장이 되는 이유는 확실한 인과관계를 이끄는 "puisque"와 논리관계를 약화시키는 "se croire"(자신이 ~라고 생각하다)라는 표현 사이에 모순이 있기 때문이다.

"se croire"(자신이 ~라고 생각하다)라는 동사 대신 "être"로 대체하여 "Puisque vous êtes un grand seigneur, vous êtes un grand génie!"(당신은 위대한 성주이시니, 위대한 천재이시도다!)로 표현한다면 완전히 수용가능한 문장이 된다.

동사 "falloir"(또는 필연성을 표현하는 다른 동사)의 명시적이거나 혹은 묵시적인 일상적 사용은 "puisque"가 표현하는 논리적이며 필연적인(nécessaire) 관계를 확실히 나타낸다. 즉, "Puisqu'il le faut, j'irai"(그것을 해야만 하므로, 나는 갈 것이다), "puisque je te le dis, c'est que c'est (nécessairement) vrai..."(내가 네게 그것을 말하는 이유는 그것이 (필연적으로) 사실이기 때문이다...)와 같은 문장들을 생각해 보자.

「페스트에 걸린 동물들」(Les Animaux malades de la peste)이라는 라 퐁텐느의 우화를 보면 쉽게 이해할 수 있다.

> 4행… puisqu'il faut l'appeler par son nom
> (그것을 확실히 말해야 하니까)
> 54행… puisqu'il faut parler net
> (분명하게 말해야 하니까)

위와 같이 "parce que"와 "puisque"가 모두 인과관계를 이끌지만, 근본적으로는 다른 기능을 가진다. "puisque"는 전제를 도입시키며 확실한 인과관계를 알려주는 반면에 "parce que"는 신정보를 도입시킨다. 그래서 분할구성문 "*C'est puisque je ne serai pas là…"(*바로 내가 거기에 없을 것이기 때문에)의 경우나 사건의 이유를 묻는 부분의문문에 대한 대답의 경우 "Pourquoi as-tu agi ainsi? – *Puisque…"(왜 너는 그렇게 행동하니? — *~이기 때문에)에는 "puisque"를 쓸 수가 없다.

따라서, 명확하게 서로 잘 알고 있는 것으로 간주되는 원인이나 이유를 도입하는 역할을 하는 "puisque"를 사용하여 강한 논증력을 나타내는 것을 볼 수 있다. 특히 법률적이며 정치적 영역에서 강한 논증을 표현하기 위하여 "puisque"를 쓰는 경우가 흔하다.

보기 피고인이 어떤 시간에 범죄 장소에 있었음을 추궁하는 어느 차장검사가 "Puisque vous étiez à huit heures rue de la Roquette, avez-vous remarqué quelque chose d'anormal?"(당신은 로케트가(街)에 8

시에 있었는데, 그때 뭔가 이상한 것을 보았나요?)라는 질문을 할 수 있으며, 피고인은 “Mais puisque je vous dis que je n’y étais pas!”(그러나 제가 그곳에 있지 않았다고 당신에게 말하고 있잖아요!)라고 확실히 응수할 수 있을 것이다. 이러한 응수는 어떤 확실성이 다른 확실성으로 대체되었지만, 피고인은 차장검사가 깔아놓은 언어적 함정에 빠져서 질문에 답할 수도 있을 것이다.

이와 같이 “puisque”는 사실상 그렇지 않을 수도 있는 원인이나 논리적 연관을 도입하는 데에도 많이 사용되며, 또 그렇게 상대방의 가담을 강요하는 경우에도 많이 쓰인다. 예컨대, “Puisque les Français sont prêts à faire des efforts”(프랑스 국민들이 노력할 준비가 되었으므로)라는 표현은 명백한(!) 원인을 제시하고 있는 듯하다. 이처럼 “puisque”를 능숙하게 사용함으로써, 일련의 모든 조치들을 프랑스 국민들이 당연히 받아들이도록 유도할 수 있는 것이다.

2.2.3. 형용사의 기능

형용사의 여러 가지 기능에 대한 분석은 더 복잡한데, 이미 보았듯이, 명사에 있는 의소를 부각시키는 전치 부가형용사(adjectif épithète antéposé)는 어떠한 새로운 사항을 가져오지 않는다. 따라서 이것은 전제에 속한다. 붙어있거나 따로 떨어져있는 다른 부가형용사들, 즉 주어와 직접목적보어의 속사들(attributs)은 어떠한가?

◎ 주어의 속사인 경우

일반적으로 "Pierre est l'ami de Paul"(피에르는 폴의 친구예요)라는 유형의 문장은 '피에르'와 '폴'의 존재를 전제하며, 문장의 술어(prédicat) 즉, 주어의 속사 부분이 신정보이다. 그러므로 우리는 주어인 '피에르'가 '폴의 친구'라는 것을 알게 된다.

그런데 주어가 신정보가 되거나, 전제가 주어의 속사, 즉 문장의 술어가 될 수도 있음을 알 수 있다. 만일 "Paul est médecin"(폴이 의사예요)라는 문장이 "Qui est médecin parmi tes amis?"(네 친구 중에서 누가 의사이니?)라는 질문의 응답이라면, 신정보는 주어인 '폴'이다. 물론, 첫 번째 문장 "Pierre est l'ami de Paul"(피에르는 폴의 친구예요)에서 전제였던 주어(Pierre)를 대명사(ce)로 대체하여 "C'est l'ami de Paul"(그가 폴의 친구예요)라고 말하는 경향이 있으며, 두 번째 문장 "Paul est médecin"(폴이 의사예요)에서는 생략법을 사용하여 '폴'이라고만 대답하는 경향이 있지만, 이것은 둘 다 완전한 대답이라고 간주할 수 있다.

주어와 주어의 속사가 모두 신정보에 속하는 경우도 더 드물지만 다음과 같은 경우에 가능하다. 내가 만약 어느 저녁파티에서 여주인에게 누가 누구인지 질문했을 때이다. 그러나 여주인은 "폴이 의사다"라고 필자에게 대답하는 대신, 먼저 '폴'이라는 사람을 분간하도록 해줄 것이며, 그리고 나서 폴의 직업에 대하여 얘기해줄 것이다. 즉, "Le garçon qui se trouve près de la fenêtre, c'est paul. Il est médecin"(창가까이 있는 남자가 폴인데, 그는 의사야)라고 내게 말해줄 것이다.

Examinons tout d'abord le cas des attributs du sujet. La plupart du temps, une phrase du type *Pierre est l'ami de Paul*, outre qu'elle présuppose l'existence de *Pierre* et de *Paul*, pose ce qui constitute le prédicat de la phrase, à savoir l'attribut du sujet : on apprend au sujet de *Pierre* qu'il est *l'ami de Paul*. Mais il est également possible que le sujet soit ce qui est posé et que le présupposé soit l'attribut du sujet, c'est-à-dire le prédicat de la phrase.

Si la phrase *Paul est médecin* répond à la question *Qui est médecin parmi tes amis*?, le posé est le sujet Paul. Certes, on aura tendance dans la première phrase à substituer un pronom au sujet présupposé (*C'est l'ami de Paul*) et, dans la deuxième phrase, à utiliser l'ellipse (*Paul*) mais on peut tout à fait envisager des réponses complètes.

Que sujet et attribut du sujet appartiennent au posé est plus rare. Ce peut être le cas si, à l'occasion d'une soirée, je demande à la maîtresse de masion de me dire qui est qui. Mais, au lieu de me répondre *Paul est médecin*, elle posera de préférence d'abord l'identité de Paul, puis son métier et me dira par exemple : *Le garçon qui se trouve près de la fenêtre, c'est Paul. Il est médecin.*

◎ 직접목적보어의 속사

이 경우의 속사는 주어의 속사와 유사한 기능을 한다. 다음과 같이 전제가 직접목적보어일 수가 있고, 이때 속사 'intéressant'은 신정보가 된다.

▸ *Comment trouves-tu Paul?*
(너는 폴을 어떻게 생각하니?)

▸ *Je le trouve intéressant.*
(나는 그가 괜찮은 사람이라고 생각해.)

그러나 다음과 같은 표현에서는 전제가 직접목적보어의 속사 'intéressant'이며, 신정보가 직접목적보어 'Paul'이다.

- *Qui as-tu trouvé intéressant à la soirée?*
  (너는 그 저녁파티에서 누가 괜찮다고 생각했니?)
- *J'ai trouvé Paul intéressant.* (나는 폴이 괜찮다고 생각했어.)

다음과 같이 주어의 속사인 경우처럼, 직접목적보어와 직접목적보어의 속사가 모두 신정보인 경우는 드물다. 반면, 명사 뒤에 놓인 부가형용사는 흔히 명사와 동일한 자격을 갖는다.

다음 예문들을 보자

- *Qu'as-tu acheté aux Puces de Vanves?*
  (방브 거리의 벼룩시장에서 넌 무엇을 샀니?)
- *J'ai acheté une théière anglaise.*
  (나는 영국 다기(茶器) 하나를 샀어)

위 예문에서 'une théière anglaise'(영국 다기 하나)가 신정보이다.

◎ 동격 기능을 하는 형용사

이 경우의 형용사는 전제에 속할 수도 있고 그렇지 않을 수도 있다. 「장-폴 사르트르의 전기와 자서전 몇 부분에서 볼 수 있는 분리 동격문」("Les Constructions appositives détachées dans certaines oeuvres biographiques et autobiographiques de J.-P. Sartre")이라는 프랑크 느뷔(Franck Neveu)의 박사학위논문은 문두에 놓인 동격 형용사가 대체로 주제(thème)에 속하는 반면, 명사 뒤에 놓이는 후치 동격 형용사는 대체로 언평적(rhématique) 기능을 가지며, 주제와 언평은 신정보와 전제로 다시 구분할 수 있다고 설명한다.

프랑크 느뷔(Franck Neveu)가 설명하기를 «주제의 전제적 가치는 문두에 놓인 동격 부분의 "전략적"(stratégique) 중요성도 아울러 알려준다고 한다. 그리고 주제는 이전의 정보지표들, 앞 문맥에 흩어져 있던 자료들을 모으고 종합한다…»라고 했는데, 그가 든 예를 하나 보자.

> "Il ne fallait pas la [il s'agit d'une mouche] tuer, bon Dieu! De toute la création, c'**était** le seul être qui me craignait; je ne compte plus pour personne. *Insecticide*, je prends la place de la victime et deviens insecte à mon tour."
> (이 파리를 죽이지 말았어야 했어, 빌어먹을! 모든 창조물 가운데서 나를 두려워했던 유일한 존재였는데. 그러니 이제 나는 아무에게도 대수롭지 않은 존재야. 살충자인 나는 희생물 대신 이번에는 내가 곤충이 되네.)
>
> —사르트르의 『말』(*Mots*) 중에서.

위에서 'Insecticide'는 앞에서 나온 것을 대용한 것이며, 그 자체로 주제적이며 전제적인 기능을 한다. 반면에 «이것이 문두의 전치를 떠나게 되면, 주제 자리도 떠나게 된다. 이것은 그로 하여금 텍스트 연속성의 표지로서 강한 결합 역할을 하도록 하며, 따라서 주어진 발화 덩어리 전체에 대한 정보로 나아가도록 한다».

프랑크 느뷔(Franck Neveu)가 인용한 또 다른 예를 보자.

> "Comment diminuer les coûts? Voilà la question qui le tourmente. Un jour, il trouve la réponse, *mesquine et géniale*, qui va bousculer

une tradition..."
(어떻게 가격을 내릴까? 이것이 그를 괴롭히는 문제이다. 어느 날, 그는 전통을 깨뜨릴 비속하고도 기발한 해답을 발견한다...)

– 사르트르의 『베니스의 유폐자』(*Séquestré de Venise*) 중에서.

형용사 'mesquine et géniale'(비속하고도 기발한)은 새로운 정보를 가져오므로, 전제에 속하지 않는다.

이러한 예들을 통해, 신정보가 무엇인지, 전제가 무엇인지를 포착하는 것이 간혹 얼마나 어려운가를 알 수 있다. 문맥(co-texte)과 상황(contexte)은 이런 점에서 매우 중요하며, 발화행위의 상황을 고려하지 않고 문장을 다루는 것 또한 위험하다고 볼 수 있다. 그러므로 화용론과 같은 연구분야가 그토록 광범위한 데 대하여 놀랄 게 없다.

IV. 발화내용에서 발화행위까지

앞 장에서는, 언어학적이며 이론적 단위로서의 '문장'(phrase)과, 입말이나 글말로 실제로 발화되었으며 문맥과 상황을 통하여 이해해야 하는 '발화내용'(énoncé)을 구별하여 보았다.

그렇다면 발화내용(**énoncé**)과 발화행위(**énonciation**)는 어떤 차이가 있는가? 그 차이는 용어 자체에서부터 볼 수 있다. 발화내용(énoncé)이라는 단어는 무접사파생법(dérivation impropre)[1]에 의해 명사로 만들어진 과거분사이다. 즉, 발화내용(énoncé)은 결과적 가치를 가지는 수동형 '발화되어진'(énoncé) 것을 말하며, 정확히 말해서 행위를 표시하는 접미사 '-ation'이 접사되어 조어된 "발화행위"(énonciation)의 결과물을 말한다. 따라서 "발화내용"과 "발화행위"간의 차이는 "산물"(produit)과 "산출"(production) 간의 차이와 유사하다.

발화행위(**énonciation**)에 관심이 가는 이유는, 발화하는 행위(acte)와 방식(manière)에 대하여 고려할 뿐만 아니라 발화행위가 일어나는 여러 가지 배경(situation) (시간, 장소…)과 발화자(énonciateur)에 관해서도 고려하기 때문이다.

역주1) 무접사파생법은 단어의 변형이 일어나지 않는 조어법이다. 참조 제1장 2.2.1.

Quelle est maintenant la différence entre l'**énoncé** et l'**énonciation**? La différence se lit à travers les termes mêmes : *énoncé* est un participe passé qui, par dérivation impropre, est devenu substantif. L'*énoncé* est donc ce qui est énoncé, passif à valeur résultative : c'est précisément le résultat de l'*énonciation*, terme dont le suffixe *-action* marque l'action. La différence entre *énoncé* et *énonciation* est semblable à celle qui existe entre *produit* et *production*.

S'intéresser à l'énonciation, c'est prendre en compte l'acte et la manière d'énoncer mais aussi la situation (temps, lieu…) où elle se réalise et naturellement celui qui est à son origine, à savoir l'énonciateur.

여기서부터는 언어학자의 일에 경계가 없을 수도 있다. 배경(situation)을 고려한다는 것은 예를 들면 운동감각(**kinésique** : 그리스어로 kinesis는 운동을 의미함)을 연구하는 것이다. 즉, 발화행위를 할 때 동반되는 몸짓이나 표정(mimiques), 자세(postures), 동작(gestes) 등에 대하여 연구하는 것이다. 발화자에 대하여 고려하는 것은 심리적, 사회적, 역사적인 고찰로 우리를 이끈다. 이러한 접근에 대한 관심은 부인할 수 없지만 형식화하는데 어려움이 있다.

따라서 이 장에서는 발화행위의 몇 가지 표지들(marques)을 배우는데 만족하도록 하겠다. 즉 '말해진 것'(dit) 속에서 '말하는 것'(dire)에 관해 드러내고 있는 표지들에 대하여 살펴보고자 한다.

1. 연동소

발화내용에서 어떤 단어들은 행위(acte)와 관련될 수 있고, 또 발화행위의 상황(circonstances)과 관련될 수도 있는데, 다음 두 발화내용을 비교해보자.

"Je viendrai ici demain."
(나는 내일 여기 올 것이다.)

"Paul partit là-bas le lendemain."
(폴은 그 다음날 그 곳을 떠났다.)

- 첫 번째 발화내용에서 각 단어는 발화행위와 관련된다. 즉 발화자 'Je'(나), 'demain'(내일)과 관련된 'viendrai'(올 것이다)는 시간성(temporalité)을 표시해주는데, 시간성이 지시하는 것은 문장이 발화된 순간이며, "ici"(여기)는 발화자 "je"가 있는 장소, 즉 발화행위의 장소를 가리킨다.

- 두 번째 발화내용은 발화행위에 대하여 아무 것도 알려주지 않는다. 발화자에 관한 정보는 아무 것도 없으며, 시간표지 단순과거 'partit'(떠났다)와 'le lendemain'(그 다음날)은 이 문장이 발화된 순간과 관련된 것도 아니다. 'là-bas'(그 곳)도 발화행위의 장소와는 무관하다.

발화내용과 발화행위를 연관시키며 발화행위의 다양한 상황들과 관련을 갖는다는 의미에서 이러한 말들을 연동소(**embrayeurs**)라고 칭하는데, 이는 영어의 "shifter"를 프랑스어로 번역한 용어이다. 연동하는 것(embrayer)은 흔히 발동기와 이것이 움직이게 하는 기계 사이의 소통

(communication)을 가능하게 하는 것을 의미한다. 언어학에서 말할 때는 연동소란 상황(situation) 속에 발화내용을 고정시키는 것을 의미한다.

"Je viendrai ici demain"(나는 내일 여기 올 것이다)에서 보듯이, 언어학에서 연동소는 다음 3가지로 분류할 수 있다.

□ <u>주관적</u>(subjectif) 표지, <u>공간적</u>(spatial) 표지, <u>시간적</u>(temporel) 표지.

1.1. 주관적 연동소

일부 문법용어들, 예컨대 발화행위 내에서 사용된 인칭대명사(pronoms personnels), 소유형용사(adjectifs possessifs), 소유대명사(pronoms possessifs), 그리고 몇몇 친밀어들(termes affectifs) 등은 언어(langue)를 담화(discours)로 연결시켜주는 연동소들이다.

1.1.1. 인칭대명사와 소유사

발화행위의 영역에서 인칭대명사에 대하여 고려해 볼 때, 다음 3가지에 대하여 주목해야 한다.

◎ 1인칭, 2인칭 vs 3인칭

3인칭 단수와 복수 인칭대명사는 <u>대표적</u>(représentants) · 대용적(anaphoriques) 속성을 갖고 있다. 이것들은 대개 반복을 피하기 위해 명사를 되받으며, 발화행위의 영역에 속하지는 않는다.

보기 “Paul vient”(폴이 온다) 대신 “Il vient”(그가 온다)로 대체되는 경우.

반면, 1인칭과 2인칭 대명사는 대용적이지 않기 때문에 명사와 바꿀 수 없으며, 발화행위의 영역 내에 들어온다.

보기 “Je viens”(나는 온다)를 “*Paul vient”(폴이 온다)로 대체하지 못함.

이러한 차이는 역사적으로 그 형태를 알아볼 수 있는데, 3인칭 대명사는 특별한 기능을 가지는 재귀적 용법을 제외하고는 모두 라틴어의 **지시사** “ille”에서 유래된 프랑스어 정관사에서 비롯된다. 이것은 본래 대용적(anaphorique) 기능을 갖고 있다.

게다가 음소 [l]도 원래 3인칭 대명사에 공통적으로 나타난다. 그 유래를 보면 다음과 같다.

- “elle”(그녀) ← “illam”
- “le”(그) ← “illum”
- “leur”(그들에게) ← “illorum”
- “eux”(그들) ← “illos” : “eux”(그들)의 자소 “u”는 고대 프랑스어에서 마지막 모음 [o]가 탈락된 후에, [s] 앞에서 자음 [l]이 모음화(vocalisation)된 것이다. “x”는 중세의 서기들이 “us”로 썼던 고대시대의 자소이다.

반면, 1인칭과 2인칭 대명사들은 각기 라틴어의 인칭대명사에서 유래한다.

또 다른 중요한 차이는 3인칭에는 성의 구분이 있다는 점이다. 1인칭과 2인칭은 통성(**épicène**)으로서 성에 따른 변화가 없다. 3인칭에서

성을 분명히 표현해주는 이유는 아마도 1인칭 대명사 "je"(나)라고 말하는 사람과 2인칭 대명사 "tu"(너)를 듣는 사람은 발화행위의 상황에서 남성인지 여성인지 확인할 수 있지만 3인칭은 그렇지 못하기 때문이 아닐까?

◎ 1인칭 복수와 2인칭 복수의 혼합적 자격

"nous"(우리)는 "je"(나)가 여러 명이 존재한다는 것과 결코 등가가 아니며, "vous"(당신들)도 "tu"(너)가 여러 명이 존재하는 것과 항상 등가 하는 것은 아니다. 그래서 경우에 따라 "nous"와 "vous"는 순수하게 발화행위의 인칭대명사가 되는 경우도 있고, 때로는 3인칭을 포함하는 수도 있다.

a) *Paul et moi, <u>nous</u> allons souvent au cinéma.*
(폴과 나, 우리들은 영화관에 자주 가요.)

b) *Paul et toi, <u>vous</u> apporterez la galette des rois.*
(폴과 너, 너희들은 갈레트 빵을 가져와야 해.)

c) *J'aimerais que <u>vous</u> vous taisiez.*
(여러분 조용히 해주셨으면 하는데요.)

d) *Toi et moi, <u>nous</u> formons un sacré couple!*
(너와 나, 우리들은 멋진 한 쌍이 될 꺼야!)

a)와 b)의 '우리들'과 '너희들'은 3인칭을 포함하고 있기 때문에 부분적으로만 발화행위의 인칭대명사가 된다.

c)와 d)의 경우는 발화행위의 인칭대명사이다. c)의 'vous'(여러분)는

청자(**allocutaires**)들을 가리키며, d)의 'nous'(우리들)은 1인칭과 2인칭을 모두 포함한다. 청자(allocutaires)는 'je'(나)가 말을 걸고 있는 사람이지만, 반드시 대화를 나누고 있는 사람은 아니므로 '대화상대자'(**interlocuteurs**)와는 체계적으로 다르다.

◎ 3인칭의 특수 용법 : 2인칭의 대용

어머니가 자기 아기에게 "Il avait faim, le bébé"(아기가 배가 고팠겠구나)라고 말할 때, 3인칭과 반과거가 쓰인 것은 감정의 거리를 나타내고자 함이 아니라, 아기가 말로 응답할 수 없음을 표현한 것이다. 이것을 친밀적(**hypocoristique**) 발화내용이라 한다.

물론 존경을 표현하는 3인칭 용법이 있다. 고용인이 주인에게 말을 걸 때이다. 그러나 이런 경우는 가령 "Monsieur est-il prêt?"(나리, 준비되셨나요?), "Madame voudra-t-elle que je lui prépare un thé?"(부인, 차를 올릴까요?)처럼, 인칭대명사는 명사를 되받는 것으로서만 사용되었다.

이와 같이, 3인칭 단수와 복수 인칭대명사 만이 발화영역과 무관하므로 –바로 위의 경우는 제외– 연동소가 되지 않는다. 소유사의 경우도 마찬가지다.

1.1.2. 친밀어

주관적 연동소들에는 "maman"(엄마), "papa"(아빠), "tonton"(삼촌), "mamie"(할머니)… 등과 같은 친밀어(termes affectifs)도 포함시킬 수 있다.

보기 알베르 카뮈의 『이방인』의 첫 대목을 들 수 있다.

"Aujourd'hui, maman est morte. Ou peut-être hier, je ne sais pas."
(오늘 엄마가 돌아갔다. 어쩌면 어제인지 모르겠다.)

"maman"(엄마)은 "ma mère"(나의 어머니)에 해당되는 평속어(langage familer)로서, 발화자 "je"(나)와 관련된다. 허구적 현재라는 발화행위 안에서 이러한 말들을 고정시키는 것은 바로 한정사의 부재에 의한 것이다. "La maman de Meursault est morte"(뫼르소의 엄마가 돌아가셨다)에서 "maman"은 더 이상 연동소가 아니다.

주관적 연동소에 대해 말하지 않고, 어떤 특정 화계(registre)의 사용은 앞서 언급했듯이 발화자(énonciateur)나 말을 듣는 청자(allocutaire)에 대한 정보를 제공하기도 한다.

1.2. 시간적 연동소

두 유형의 시간적 연동소가 있다. 몇 가지 시제(temps)와 시간부사(또는 명사구로 된 시간부사)는 발화행위의 순간과 관련이 있다.

1.2.1. 동사의 시제

발화행위의 시간은 특히 현재이지만, 발화행위의 시간과 언어적 시간은 일치하지 않는다. 예컨대, "Je suis absente cet après-midi"(나는 오늘 오후에는 없을 거야)에서 언어적 시간은 약 4시간 동안이지만 발화행위의 시간은 대략 1초 정도 걸린다.

발화행위에서의 현재와 언어적 현재가 서로 일치하는 유일한 경우는 동사가 이른바 수행동사(**performatifs** : 영어의 *to perform = accomplir*)가 쓰인 경우이다. 수행동사는 그냥 말을 함으로써 그 동사가 표현하고자 하는 행위가 실현되는 경우이다.

예를 들면, "Je vous remercie"(당신께 감사드립니다)라고 말함으로써 감사의 행위가 실행된다. 감사했던 것에 대하여 "Je vous remercie"(감사드립니다)라고 말하면 되지만, 일했던 것에 대하여 "Je travaille"(나는 일합니다)라고 말하는 것은 충분하지 않다.

Le temps par excellence de l'énonciation est le présent. Mais temps de l'énonciation et temps linguistique ne coïncident pas. Si je dis *Je suis absente cet après-midi*, le temps linguistique a une durée d'environ quatre heures, alors que le temps d'énonciation dure approximativement une seconde. Dans un seul cas, on peut dire que présent de l'énonciation et présent linguistique se recoupent : dans le cas de verbes dits **performatifs** (de l'anglais *to perform* qui signifie *accomplir*) dont la simple énonciation réalise l'acte qu'ils expriment. Dire *Je vous remercie*, c'est effectuer l'acte de remercier. Il suffit de dire *Je vous remercie* pour avoir remercié, alors qu'il ne suffit pas de dire *Je travaille* pour avoir travaillé!

발화행위의 순간을 기준으로 삼는 시제들은 현재, 선행성(antériorité)의 표지로서 복합과거, 후행성(postériorité)의 표지로서 미래시제가 있다. 이러한 시제들이 발화행위의 순간을 표시해 주지 않는 것처럼 보이는 것은 무슨 사정일까?

예컨대, 마르셀 프루스트(Marcel Proust)의 『스완네 쪽으로』(*Du côté de chez Swann*)에 나오는 마들렌느 과자에 관한 유명한 대목을 인용하여 살펴보자.

> D'où avait pu me venir cette puissante joie? Je sentais qu'elle était liée au goût du thé et du gâteau, mais qu'elle le dépassait infiniment, ne devait pas être de même nature. D'où venait-elle? Que signifiait-elle? Où l'appréhender? Je bois une seconde gorgée où je ne trouve rien de plus que dans la première, une troisième qui m'apporte un peu moins que la seconde.
> (어디서 이런 강한 기쁨이 나에게 올 수 있었는가? 이것은 차나 과자 맛과 관련된다고 생각하지만, 이 기쁨은 차나 과자의 맛을 훨씬 초월했기 때문에 같은 성질의 것일 수 없었다. 어디서 그것이 비롯되었을까? 그것은 무엇을 의미했을까? 어디서 그것을 깨달을까? 나는 두 모금째 마신다. 거기에는 첫 모금째에 있던 것보다 더한 것이라고는 아무 것도 없다. 세 모금째는 두 모금째보다 다소 못한 것을 내게 가져다준다.)

위 대목은『잃어버린 시간을 찾아서』(*À la recherche du temps perdu*)에서 언급된 첫 번째 무의식적 기억 현상과 관련된다. 위 인용문의 서두에서 볼 수 있는 것처럼, 이 소설의 이야기는 과거시제에 놓여 있다. 그렇기 때문에 'bois'(마신다), 'trouve'(찾는다), 'apporte'(가져 온다)와 같은 현재시제는 발화행위의 순간과 일치하지 않는 건 당연하다. 그러나 이른바 해설적 현재시제의 사용은 추억(souvenir)을 더욱 더 생생하고 현실감 있게 표현해주며, 또한 과거의 사건들을 현재 속에 떠오르도록 하는 일종의 기억(mémoire)을 묘사한다. 이러한 문체적 효과는 발화행위와 합일을 이룬다. 말하자면, 해설자(narrateur)의 기억을 무의식적으로 떠오르게 하는 이러한 추억이 바로 이 소설 전체의 해설(narration), 즉 발화행위를 정당하게 해주는 것이다.

마찬가지로, 복합과거가 사용된『잃어버린 시간을 찾아서』의 첫 구절을 보면 다음과 같다.

"Longtemps, je me suis couché de bonne heure."
(오래 전부터, 나는 일찍 잠자리에 들어 왔다.)

위 문장에서는 반과거(imparfait)가 표현하는 연속(suite)을 절단하는 복합과거(passé composé)가 사용되었다. 복합과거시제는 이 소설의 마지막 구절 "tant de jours sont venus se placer"(수많은 나날이 와서 자리잡았다)에서도 사용되어서 소설의 첫 문장에 쓰인 것을 반향하고 있는데, 여기서 복합과거는 작품을 쓴 순간을 표시해주며, 그리하여 단번에 회상들(souvenirs)을 글쓰기(écriture)와 긴밀한 관계속에 배치시킨다.

1.2.2. 시간적 상황소

문법적 시제 이외에, 몇몇 부사와 명사구도 연동소가 될 수 있다. 예를 들면, "hier"(어제), "aujourd'hui"(오늘), "demain"(내일), "maintenant"(지금)··· 등은 발화행위의 시간을 표시해주는 것들이다.

반면, "la veille"(그 전날), "ce jour-là"(그날), "le lendemain"(그 다음날), "alors"(그때)··· 등은 발화내용의 시간과 관련되는 것들이다.

다음 경우를 비교하여 보자.

"Il se réveilla tard ce matin-là. La veille, il était allé à une soirée."
(그는 그날 아침 늦게 일어났다. 그 전날 저녁파티에 갔었기 때문이다.)

"Il est malade aujourd'hui. Hier, il a mangé des huîtres."
(그는 오늘 아프다. 어제 굴을 먹었기 때문이다.)

첫 번째 발화내용에서, 'la veille'(그 전날)와 대과거 'était allé'(갔었었다)는 'ce matin-là'(그날 아침)과 단순과거 'se réveilla'(일어났다)에 비해 선행성을 표시하는데, 이것들은 발화행위와 관계없는 발화내용의 시간이다.

두 번째 발화내용에서, 'hier'(어제)와 복합과거 'a mangé'(먹었다)는 'aujourd'hui'(오늘)와 현재시제 'est malade'(아프다)에 비해서 선행성을 표시하는데, 이것들은 발화행위의 순간과 관련된다.

1.3. 공간적 연동소

1.3.1. 지시소

어떤 언어학자들은 연동소라는 용어 대신 그리스어 'deiktikos'에서 차용한 지시소(**déictique**)라는 용어를 사용한다. 그리스어 'deiktikos'는 "지시사"(démonstratif)를 의미하는 말로서, 명사 'deixis'에서 유래하였고 '지시행위'(acte de montrer)라는 뜻이다. 연동소가 발화행위의 여러 가지 상황(circonstances)이나 배경(situation)과 관련되기 때문에 사람들은 지시소라는 용어의 사용을 연동소로 이해한다. 그런데, 화자의 편에서 지시 동작을 정확히 수반할 수 있는 연동소(embrayeur)를 지시소(déictique)라고 부르는 것이 더 타당한 듯하다. 바로 지시사(démonstratifs)의 경우가 이에 해당한다.

♈ Certains linguistes utilisent le terme **déictique** emprunté au grec *deiktikos* au lieu de celui d'**embrayeur**. Le mot grec *deiktikos* signifie *démonstratif* et vient du substantif *deixis*, à savoir *l'acte de montrer.* Puisque les embrayeurs revoient aux circonstances de l'énonciation, à la situation, on comprend l'utilisation du terme *déictique* pour *embrayeur.* Mais il semble plus judicieux de garder l'appellation de *déictique* pour les embrayeurs qui peuvent précisément s'accompagner de la part du locuteur d'un geste de monstration. C'est le cas des démonstratifs.

1.3.2. 지시사와 장소부사

"Viens ici"(여기로 와)에서 부사 'ici'(여기)는 화자가 있는 장소인데, 이때 화자는 말을 하면서 동작을 수반할 수도 있다. "Donne-moi ça"(그것을 내게 줘)의 경우도 마찬가지인데, "cela"(그것)의 축약형인 지시대명사 "ça"는 선험적으로 대화가 이루어지고 있는 장소에 이미 속해 있는 물건을 가리킨다.

부사 "ici"와 지시대명사 "ça"의 차이는 다음과 같다.

- "ici"(여기)는 동작으로 지시하는 행위가 반드시 필요하지 않은 그 자체로 충분히 명시적인 것이다. "ici"(여기)가 지시 동작까지 곁들인다면, 잉여적인 것일 수 있다. 그러나 "ici"(여기)가 화자가 있는 장소를 가리키는 게 아니라, 화자의 신체 일부분과 같은 보다 세밀한 부분을 가리키는 경우는 예외이다. 가령, 화자가 "J'ai mal ici"(여기)라고 말할 때, 대화상대자가 이해할 수 있도록 말하면서 신체부분의

아픈 곳을 가리키는 동작(geste)을 해야만 한다. 반면에, 지시대명사 "ça"는 발화행위의 공간에 속해 있는 물건이면 어떤 것이든지 가리킨다. 동작은 "ça"라고 불리는 물건이 무엇을 가리키는지 허용된다.

■ 이러한 기능의 차이는 다음과 같은 결과도 초래한다. 즉, "ça"는 여러 번 반복할 수 있어서 "Donne-moi ça, ça et ça"(그것, 그것, 또 그것을 주세요)라고 말할 수 있지만, 발화내용 "*Viens ici, ici et ici"(*여기, 여기, 또 여기로 와)는 수용할 수 없다. 왜냐하면 "ici"는 화자의 영역으로서 하나 밖에 없기 때문이다. 이러한 이유와 어원론에 따라서, 지시사(démonstratifs)만이 지시소(déictiques)이다.

그런데, 지시사(démonstratifs)가 상황(contexte)이 아니라 문맥(co-texte)과 관련되는 경우가 있는데, 이 경우는 더 이상 지시소(déictiques)가 아니며, 다른 대명사나 정관사처럼 대용적(anaphoriques) 또는 예고적인(cataphoriques) 것이 된다. 이것들은 대용(anaphore)의 경우로서 <u>이미 발화되어진</u>(a déjà été énoncée) 어떤 개념을 환기시키거나, 또는 예고(cataphore)의 경우로서 <u>앞으로 발화될</u>(va être énoncée) 개념을 알리기도 한다.

더구나, '대용'과 '발화행위' 또는 '예고'와 '발화행위' 간의 관계는 다음과 같이 흔히 관계종속절에서 자주 언급된다.

보기 "La personne dont je te parle (또는 dont je vais te parler) habite dans ma rue"(내가 네게 말했던 [또는 내가 네게 말할] 그 사람은 나와 같은 골목에 살고 있어).

연동소는 주관적이든 시간적이든 공간적이든 간에, 발화적이며 생동적 영역 안에 발화내용을 바로 등록시킨다. 발화하는 찰나에 나는 'je'(나)가 되지만, 상대는 즉시 나에게서 'je'를 빼앗아버려서 나는 'tu'(너) 가 되고 만다.

Toutefois, ils peuvent également ne pas renvoyer au contexte, mais au co-texte, auquel cas ils ne sont plus déictiques mais anaphoriques ou cataphoriques, au même titre que les autres pronoms ou les articles définis. Ils rappellent qu'une notion a déjà été énoncée (cas de l'anaphore) ou annoncent que cette notion va être énoncée (cas de la cataphore). D'ailleurs, ce rapport entre anaphore ou cataphore et énonciation est souvent mentionné dans des propositions subordonnées relatives : *La personne dont je te parle* (ou *dont je vais te parler*) *habite dans ma rue.*

Les embrayeurs, qu'ils soient subjectifs, temporels ou spatiaux inscrivent d'emblée l'énoncé dans sa dimension énonciative, mouvante : je suis je l'instant d'une prise de parole mais très vite, l'autre me dépossède de mon *je* et je deviens *tu.*

2. 발화행위의 부사

2.1. 발화행위부사의 기능과 역할

2.1.1. 여러 유형의 부사 비교

다음 발화내용에 있는 부사를 비교하여 보자.

a) *Je suis <u>gravement</u> malade.*
(나는 심하게 아파요.)

b) *Il marche <u>lentement</u>.*
(그는 느리게 걸어요.)

c) *Je suis <u>très</u> vivement intéressée.*
(나는 아주 매우 타산적예요.)

d) *Il est <u>probablement</u> chez Marie.*
(그는 십중팔구 마리의 집에 있을 거야.)

e) *<u>Franchement</u>, il n'est pas très intelligent.*
(솔직히 말해서, 그가 아주 영리하지는 않아요.)

위의 밑줄 친 부사들은 발화내용에서 어떤 요소에 걸리는가, 다시 말해서 위의 부사들이 어떤 요소에 관계하는가?

- 발화내용 a)에서 "gravement"(심히)은 형용사 "malade"(아프다)와 관련되므로 바로 병이 심하다는 말이며 ;

- 발화내용 b)에서 "lentement"(느리게)은 동사 "marcher"(걷다)에 걸리므로, 느린 것은 바로 그의 걸음이라는 것이며 ;

- 발화내용 c)에서 부사 "très"(매우)는 또 다른 부사 "vivement"(심히)에 걸린다 ;

- 발화내용 d)에서 "probablement"(십중팔구)은 발화내용 전체와 관련되므로, 가능한 것은 마리의 집에 그가 있다는 것이다 ;

- 발화내용 e)에서 "franchement"(솔직히)은 무엇과 관련되어 있는가? 이 발화내용(énoncé)에서 '솔직한 것'은 무엇일까? "franchement"(솔직히)은 발화내용의 어떤 요소와도 무관하다. 부사 "franchement"은 "Si je parle franchement"(만약 내가 솔직히 말한다면)이라는 말로 바꿀 수 있다. 따라서 부사 "franchement"은 발화내용이 아니라 '발화행위'와 관련된다.

발화내용 a), b), c)에서 부사는 발화내용의 한 단어와 관계되어, 발화내용의 의미를 변화시키며, 발화내용 d)에서 부사는 발화내용 전체와 관련되어서, 발화내용 전체의 진위를 표현해주며, 발화내용 e)에서는 '발화행위부사'(adverbe d'énonciation)가 등장했는데, 이것은 선험적으로 발화내용의 진실을 보증하고 있다.

우리는 말할 때 흔히 발화행위부사(통어론적으로 부사와 등가)를 사용하게 된다.

보기 "honnêtement"(정직하게 말해서), "vraiment"(정말로), "sincèrement"(솔직히 말해서), "à dire vrai"(사실을 말하자면), "pour être franc"(솔직히 말하자면), "si je puis m'exprimer ainsi"(감히 말한다면), 그리고 라 퐁텐느의 『페스트에 걸린 동물들』(*Animaux malades de la peste*)에서

쓰인 "puisqu'il faut parler net"(분명히 말해야 하기 때문에) 등의 표현도 이에 해당한다.

몇 가지 주목할 만한 점이 있다.

발화행위부사(adverbes d'énonciation)와 "à dire vrai"(사실을 말하자면), "pour être franc"(솔직히 말하자면)과 같은 전치사가 이끄는 부정법들(infinitifs prépositionnels)은 통어론적으로 "si"(~이면)가 이끄는 종속절과 등가이다.

즉, "à dire vrai"(사실을 말하자면) 를 "si je dis la vérité"(내가 사실을 말한다면)와 등가이며, "sincèrement"(솔직히 말해서) 을 "si je suis sincère"(내가 솔직하다면)와 등가이다.

문제는 여기서의 "si" (~이면)의 가치(valeur)가 무엇인지를 아는 것이며, 무슨 이유로 "si" 가 쓰였는지 아는 데에 있다.

여기서의 "si"(~이면)는 현재시제 동사가 포함되어 있는 절을 이끌고 있는데, 수학적 의미로는 가정(hypothèse = 시발점), 가설(postulat)을 표현한다. 이러한 언명적인 "si"(~이면)는 "2 + 2 = 4이면, 4 + 4 = 8이 된다"(Si deux et deux font quatre, qutre et quatre font huit)에서의 "si"와 같은 식으로 기능한다. 따라서 "puisque"(~이기 때문에)와 등가이며, "puisque"처럼 반박할 수 없는 인과논리관계(lien logique de cause)를 표현한다.

더구나, "si"(~이면)와 "puisque"(~이기 때문에)만이 유일하게 발화행위를 정당화하는 접속사이다. 이 두 접속사가 특히 플라톤의 대화들의 번역서에서 여러 번 나오는 것은 결코 우연이 아니다. 대화에서 소크라테스는 산파술(**maïeutique**)을 사용하고 있는데, 이것은 대화에 담겨있는 지적 사고를 자신도 모르게 도출시켜 내도록 하는 화술이다. 소크라테스는 제자들이 “si”(~이면)나 “puisque”(~이기 때문에)가 이끄는 절에서 말했던 것을 나중에 다시 언급해줌으로써 그것에 담겨있던 생각에서 다시 새로운 생각을 논리적으로 연역해내도록 한다.

『알키비아데스 전기(前記)』(*Premier Alcibiade*)에서 인용한 두 예문을 보자.

> “Alors, puisque ni le corps, ni le tout n'est l'homme, il reste, je pense, qu'il n'est rien, ou, s'il est quelque chose, il faut conclure que l'homme n'est autre chose que l'âme.”
> (따라서, 육신도 전부도 인간은 아니기 때문에, 내 생각에는 여전히 인간이 아무 것도 아니거나, 또는 만약 인간이 어떤 것이라면 다만 영혼 이외의 다른 것은 아니라고 결론 내려야 한다.)

> “Si donc la sagesse consiste à se connaître soi-même, aucun d'eux n'est sage du fait de sa profession.”
> (만약 곧 지혜가 자기 자신을 아는 것에 있다면, 그들 중에 어떤 이도 자신의 말로써는 현자(賢者)가 아니 된다.)

2.1.2. 부사 “Franchement”

발화내용 “Franchement, il n'est pas très intelligent”(솔직히 말해서, 그가 아주 총명하지는 않아요)를 다시 보자. “franchement”(솔직히)을 “si je parle franchement”(만약 내가 솔직히 말한다면)으로 대체할 수 있으며,

이때의 "si"(~이면)를 다시 "puisque"(~이기 때문에)로 대체할 수 있다.

그러나 "*puisque je parle franchement, il n'est pas très intelligent"(*솔직히 말하기 때문에, 그가 아주 총명하지는 않아요)는 발화될 수 있는 문장이 아니다. 발화행위의 부사로서 "Franchement"은 "그가 아주 총명하지는 않다"라는 발화내용의 발화행위와 관련된다. 그러므로 우리는 "puisque je parle franchement, <u>je dirai qu'</u>il n'est pas très intelligent"(솔직히 말해서, 나는 그가 아주 총명하지는 않다고 말할 것이다)라고 말할 수 있다.

그런데 만약 바로 위의 발화내용("puisque je parle franchement, je dirai qu'il n'est pas très intelligent")이 그 전의 발화내용(*puisque je parle franchement, il n'est pas très intelligent")보다 더 타당할지라도 이 역시 완전히 수용할만하지는 않다.

다음과 같은 발화내용의 맥락(co(n)texte = 문맥 + 상황)을 재구성하여 보자.

화자1 : "*Comment trouves-tu Paul?*"
(너는 폴을 어떻게 생각하니?)

화자2 : "*Franchement, il n'est pas très intelligent.*"
(솔직히 말해서, 그가 아주 총명하지는 않아요.)

위의 예를 통해 우리는 위의 발화내용에 대하여 더 잘 이해하게 되는데, 부사 "franchement"은 다음과 같이 주해할 수 있다 : 'puisque tu me demandes de te dire franchement ce que je pense de paul, je te répondrai qu'il n'est pas très intelligent' (네가 나에게 요구하기를, 내가 폴에 대하여 어떻게 생각하는 네게 솔직히 말해주기를 원하므로, 나는 그가 아주 총명하지는 않다고 네게 답할 것이다).

이러한 견해를 설명하기 위해 몰리에르의 『인간혐오자』(*Misanthrope*)의 제2막 2장 376행을 보자.

> **알세스트**[2]: "Franchement, il est bon à mettre au cabinet."
> (솔직히 말해서, 그 시는 벽장에 처박아두는 게 나아요.)

여기서 오롱트(Oronte)는 알세스트(Alceste)에게 자신이 방금 쓴 소네트(sonnet)에 대해서 판단해 줄 것을 요청하고 있는데, 오롱트는 당연히 알세스트가 자신이 쓴 시에 대하여 칭찬해 줄 것을 기다리고 있다. 처음에 알세스트는 사회에서 통용되지 않는 솔직성(sincérité)을 요구하는 이러한 부탁을 회피하려고 애를 쓰며 다음과 같이 말한다.

> **알세스트**: "J'ai le défaut
> D'être un peu plus sincère en cela qu'il ne faut."
> (나는 필요 이상으로 좀 더 솔직한 것이 흠이지.)

이때, 오롱트도 다음과 같이 응수한다.

> **오롱트**: "C'est ce que je demande…"
> (내가 바라는 바가 바로 그것이야…)

알세스트는 오롱트의 소네트가 자신의 마음에 든다는 가정 하에 솔직하게 말해줄 것을 요구하고 있음을 잘 알고 있다. 그래서 소네트를 들은 뒤, 알세스트는 "franchement"(솔직히)를 사용하여 우회적으로 오

역주3) 알세스트는 염세주의자를 가리키는 전형적인 등장인물이다.

롱트의 소네트를 비평하려고 애쓰고 있었는데, 오롱트는 알세스트의 일반적 방식의 비평이 사실은 자신의 소네트에 대한 것임을 완전히 이해하고는 다음과 같이 응수한다.

> **오롱트** : "Voilà qui va fort bien, et je crois vous entendre.
> Mais ne puis-je savoir ce que dans mon sonnet…?"
> (바로 그 점이 아주 좋으며, 그리고 나는 당신이 알아들었다고 믿어요. 그런데 나는 나의 소네트에서는… 알 수 없을까요?)

이때 우리는 알세스트가 말한 "franchement"(솔직히)을 다음과 같이 분명히 이해할 수 있다 : 'puisque vous voulez que je vous parle franchement (puisque vous refusez d'entendre mes critiques détournées)'(당신은 내가 당신에게 솔직하게 말하기를 바라기 때문에 = 당신은 나의 우회적인 비평을 듣기를 거부하므로).

이러한 발화행위의 부사들은 – 물론 다 해당되는 건 아니지만 – 발화내용의 발화행위를 정당화하는 기능을 하여, 발화행위에 대한 책임을 타인에게 전가시키는 셈이 된다. 발화내용은 이에 대해 반박할 수 없게 되고, 여기에서 "vraiment"(정말로)이나 "franchement"(솔직히 말해서) 등의 부사들의 의미변이(glissement sémantique)가 생겨난다.

2.1.3. 발화행위부사에서 강조부사로의 이행

다음 두 발화내용을 비교하여 보자.

"*Franchement, il est bête.*"
(솔직히 말해서, 그는 멍청해.)
"*Il est franchement bête.*" (그는 정말로 멍청해.)

부사의 위치는 발화내용의 의미적 효과(incidence)를 가져온다. 첫 번째 발화내용에서 부사는 외치되었는데, 이는 상위차원인 발화행위의 차원에 속한다. 반면, 두 번째 발화내용에서 "franchement"은 형용사 "bête"에 선행되어 이 형용사를 수식하기 때문에, 이는 더 이상 발화행위의 부사로 기능하지 않고, 형용사를 수식하는 강조부사(adverbe d'intensité)로서 기능한다.

어떻게 강조부사로의 의미변이가 일어났을까? 여러 가지 가설을 제시해볼 수 있다. 첫 번째 문장의 "Franchement"(솔직히 말해서)은 '그가 멍청하다고 말함으로써 나는 솔직하다'는 발화자의 발화행위가 진실임을 증명하고, 또한 일종의 환유법적으로 '그가 멍청한 것은 사실이다'라는 발화내용의 진실성도 증명한다. 바로 여기서 강조의 가치가 있는 두 번째 문장의 "franchement"(정말로)이 생기게 된다.

한편 "franchement"은 부정적인 사항을 강조할 때 자주 쓰인다. "Il est franchement intelligent"(그는 정말로 총명해)와 같은 발화내용은 "Il est franchement bête"(그는 정말로 멍청해)에 비해 좀 어색해 보인다. 그 이유는 쉽게 설명한다면, "vraiment"(정말로)과는 달리, "franchement"

은 "sans détour"(직접적으로), "sans hésitation"(주저 없이) 등을 의미하기 때문이다. 우리가 사물이나 사람에 대하여 부정적으로 말해야만 할 때는 오히려 우회적인 표현을 사용한다. 그런데, 부사 "franchement"을 사용하는 것은 우회하지 않고 말한다는 점과 냉정하게 얘기한다는 점을 예고하기 때문에 바로 여기서 강조(intensité)의 효과가 생기게 된 것이다.

그리하여 발화행위부사 "franchement"(솔직히 말해서)과 강조부사 "franchement"(정말로)은 결국 상통한다.

La position de l'adverbe a une incidence sémantique sur l'énoncé. Dans le premier énoncé, en position détachée, l'adverbe appartient à une instance supérieure, celle de l'enonciation, alors que dans le second énoncé, *franchement*, antéposé à l'adjectif *bête* est incident à lui et, par voie de conséquence, ne fonctionne plus comme adverbe d'énonciation mais comme adverbe d'intensité renforçant l'adjectif.

Comment s'est opéré ce glissement sémantique? Plusieurs hypothèses peuvent être avancées. *Franchement* atteste la vérité de mon énonciation (je suis franc en disant qu'il est bête) et, par métonymie en quelque sorte, la vérité de l'énoncé (Il est vrai qu'il est bête), d'où la valeur d'intensité attachée à *franchement.* Par ailleurs, *franchement* est souvent utilisé pour renforcer un élément négatif. Un énoncé tel que *Il est franchement intelligent* paraît plus étrange que *Il est franchement bête.* Cela s'explique aisément : *franchement*, à la différence d'un adverbe comme *vraiment*, signifie *sans détour, sans hésitation*. Or, on utilise plutôt un langage détourné lorsqu'on doit dire du mal de quelqu'un ou de quelque chose. Utiliser l'adverbe *franchement* signale que cette fois-là, on parlera sans détour, on dira les choses crûment, d'où l'effet d'intensité créé.

C'est pourquoi, la frontière entre *franchement* adverbe d'énonciation et *franchement* adverbe d'intensité est perméable.

루이 아라공(Louis Aragon)의 소설 『오렐리앵』(*Aurélien*)의 첫 문장을 보자.

> "La première fois qu'Aurélien vit Bérénice, il la trouva franchement laide."
> (베레니스를 처음 본 오렐리앵은 그녀가 정말로 못생겼다고 생각했다.)

여기서의 "franchement"(정말로)의 사용은 무엇을 말하고 있는가? 표층적으로는 형용사 "laide"(못생긴)를 수식하는 강조부사이다. 그러나 한편으로는 발화행위의 부사가 아닐까? 전제절(**protase**: 문장의 앞부분)에 해당되는 "La première fois qu'Aurélien vit Bérénice"(베레니스를 처음 본 오렐리앵)은 주관성(subjectivité)이나 추론의 흔적이 전혀 없는 이야기(récit)에 속한다. 그러나 귀결절(**apodose**: 문장의 뒷부분)에 해당되는 "il la trouva franchement laide"(오렐리앵은 그녀가 정말로 못 생겼다고 생각했다)에서 사용된 "franchement"(정말로)은 "franchement laide"(정말로 못 생겼다)라는 말이 마치 오렐리앵(소설 제목과 동일한 이름의 등장인물 = **éponyme**)에 의해 발화된 것처럼 이 소설의 서두에서 충격을 던지고 있는 듯하다. 더구나, 해설자(narrateur)의 발언과 등장인물(personnage)의 발언이 계속해서 섞여 나오는 이 소설의 뒤이어지는 내용들을 볼 때 이러한 효과는 확연하다.

2.2. 양태부사

2.2.1. 정의

다음 발화내용을 다시 보자.

"Il est probablement chez Marie."
(그는 십중팔구 마리의 집에 있을 거야.)

부사 "probablement"은 발화내용 전체에 관련된다. 이 부사는 발화내용을 양태화(**modaliser**)하는 역할, 즉 발화내용의 진위 여부를 미묘하게 표현하는 역할을 한다. 이 부사는 우리에게 발화내용에 대한 발화자의 태도를 알려주는 범위 내에서는 발화행위와도 관련이 있다.

보기 내가 "Il est probablement chez Marie."(그는 십중팔구 마리의 집에 있을 거야)라고 말하는 것은, "Selon moi, il est chez Marie"(나에 의하면, 그는 마리의 집에 있을 거야)와 같은 말을 하는 것이다.

양태사(modalisateur) 중에서 "sans doute"(틀림없이), "certainement"(확실히), "sûrement"(반드시) 등의 부사들은 발화자와 관련되는 것들이다. 폴이 "확실히"(certainement) 마리의 집에 있을 것이라고 표현하는 것은 마리의 집에 폴이 있다고 발화자가 선험적으로 확신하고 있음을 의미한다.

2.2.2. 의미변이 : 언명에서 가정까지

양태부사는, 처음 의미와는 달리, 범주적 확언성(certitude)을 표현하지 않는다. 양태부사는 언명(**thétiques** : 발화내용이 진실임을 상정하는 것)에서부터 가정(**hypothétiques** : 발화내용이 진실임을 가정하는 것)을 표현하게 된다. 이러한 의미변이는, 이상하게도 사전 안에 매번 언급되는 것은 아니지만, 2가지 방식으로 설명해볼 수 있다. 즉, 양태부사를 지나치게 많이 사용하여 의미가 격하되었거나, 혹은 이 부사들을 사용할 필요를 느끼게 되어서 즉, 담화를 강화하려고 사용한 것이 바로 이러한 변이의 신호가 된 것이다. 얼마나 많은 "반드시"(sûrement)가 불확실하며, "Je t'appellerai sûrement demain"(내일 반드시 네게 전화할게)라고 말하고도 그 다음날 전화하지 않는 경우가 얼마나 많이 발생하는가!

마찬가지로, 평범한 표현인 "oui"(예) 대신 "absolument"(절대적으로), "tout à fait"(완전히) 등과 같은 과장어(hyperboliques)로 대체되어 가는 요즘 추세는 이러한 양태부사의 의미를 약화시킬 위험이 크다.

Cependant, on s'aperçoit que, contrairement à leur sens premier, ces adverbes ne marquent pas une certitude catégorique. De **thétiques** (posant la vérité de l'énoncé), ils sont devenus **hypothétiques** (supposant la vérité de l'énoncé). Ce glissement sémantique qui, bizarrement, n'est pas toujours mentionné dans les dictionnaires, peut s'expliquer de deux façons : à trop être utilisés, ces adverbes ont connu une érosion sémantique ou alors, éprouver le besoin de les employer –et donc de renforcer son discours– est signe d'une faille. Combien de *sûrement* sont incertains, combien de *Je t'appellerai sûrement demain* restent sans lendemain!

De même, la mode actuelle de remplacer notre humble *oui* par des termes hyperboliques tels que *absolument*, *tout à fait* … risque fort d'affaiblir le sens de ces adverbes.

3. 다중성

3.1. 문학에서의 다양한 발화수행

3.1.1. 작가, 해설자, 등장인물

아라공의 『오렐리앵』(*Aurélien*)의 첫 문장에 쓰인 부사 "franchement"에 대한 연구를 통해서 하나의 발화내용에 2가지 발언이 섞여있음을 보았다.

이는 다중성(**polyphonie**)에 대한 예가 되는데, 다중성이라는 용어는 Mikhaïl Bakhtine[3)]가 처음 사용했으며, 계속해서 다른 언어학자들, 특히 Oswald Ducrot에 의해 사용되었는데, 동일한 하나의 발화내용이 2가지 혹은 여러 가지 발언을 하고 있는 것을 뜻한다.

이러한 다중성은 하나의 문학작품 속에 다음과 같이 존재하는 것처럼 하나의 발화내용에도 존재할 수 있다. 하나의 문학작품 속에는 소설을 쓰는 사람(homme), 곧 그 소설의 작가(auteur)가 될 것이며, 소설의 이야기 전체나 일부를 얘기해주는 해설자(narrateur)가 있으며, 소설의 이야기 전체나 일부분에 나와서 살아가는 등장인물(personnage)이 있어서 다중성이 존재한다.

사람(homme)과 작가(auteur) 간의 차이는 예를 들면 마르셀 프루스트(Marcel Proust)가 『생트-뵈브에 반대하여』(*Contre Saint-Beuve*)에서 «책이란 우리가 관습, 사회, 악습에서 표출하고 있는 나와는 다른 나에 대한 산물이다»라고 주장하고 있는 차이이며, 또한 줄리앵 그라크(Julien Gracq)가 『읽으면서 쓰면서』(*En lisant en écrivant*)에서 « […]

역주5) 러시아의 문학 비평가(1895-1975).

내가 베일(Beyle)[4)]의 책을 탐독하면, 나는 스탕달의 세계로 들어가게 된다»라고 기록한 것을 통해 보여주고 있는 차이이다. 이 작가들에 의하면, 오직 작가의 발언만이 소설 속에서 포착될 수 있다.

만약 해설자가 작가와 다르면, 해설의 기능이 등장인물에게 맡겨지는데, 이때는 작가(문학작품 전체에 연관된 발화수행자)의 발언과 해설자 겸 등장인물의 발언이 섞이게 될 것이다.

그런데 또 다른 발언이 섞일 수도 있다. 가령, 나탈리 드 마네르빌 백작부인에게 쓴 펠릭스(Félix)의 편지로 시작되는 발자크(Balzac)의 『계곡의 백합』(*Le Lys dans la vallée*)의 첫 구절을 보자.

> "Je cède à ton désir. [···]
> Aujourd'hui, tu veux mon passé, le voici."
> (나는 네 욕망에 굴복한다. [···]
> 오늘, 너는 나의 지난날에 대하여 알고자 하는데, 그것은 다음과 같다.)

누가 이 소설의 서두를 말하고 있는가? 우선, 작가(auteur) 발자크가 있는데, 그는 이야기(récit)의 바깥에 존재하고 있지만, 이 발화내용의 근원자이다. 다음으로 해설자 겸 등장인물(narrateur-personnage) 펠릭스이다. 그런데 또한 우리가 위의 2번째 문장을 'Puisque tu me dis aujourd'hui que tu veux que je te raconte mon passé'(네가 나의 과거에 대해 너에게 얘기해줄 것을 원한다고 오늘 나에게 말하기 때문에, 그것은 다음과 같다)의 등가로 받아들인다면, 수취인(destinataire)도 존재한다.

따라서 펠릭스가 얘기해 줄 이야기는 다른 발화 관련자, 즉 수취인 나탈리 드 마네르빌 백작부인에 의해 정당화되는데, 이 여인은 독자를

역주 6) 베일(Beyle) : 스탕달의 본명.

상징하는 이미지이며, 작가는 이야기에 대한 독자의 궁금증을 만족시켜 줄 것이다.

> ✎ Qui parle dans ce début de roman? Tout d'abord, l'auteur, Balzac, extérieur au récit mais à l'origine de cet énoncé. Ensuite, le narrateur-personnage, Félix. Mais aussi la destinataire, si l'on admet que la deuxième phrase équivaut à *Puisque tu me dis aujourd'hui que tu veux que je te raconte mon passé, le voici.*
>
> L'histoire que va raconter Félix se trouve ainsi justifiée par une instance énonciative autre, la destinataire Nathalie de Manerville, image symbolique du lecteur dont l'auteur va contenter le désir d'histoire.

3.1.2. 자유간접화법과 내적 초점화

문학 텍스트는 특히 해설자와 등장인물의 발언이 서로 얽혀있는 장소이다. 예를 들어, 자유간접화법(discours indirect libre)으로 사용된 대목과 내적 초점화(**focalisation interne** : 해설자가 등장인물의 시점을 채택한 것)가 나타나는 대목이다. 플로베르(Gustave Flaubert)의 『감정교육』(*L'Éducation sentimentale*)에서 프레데릭(Frédéric)과 마담 아르누(Mme Arnoux)가 처음 대면한 부분을 인용한 2구절을 살펴보자.

> "Quels étaient son nom, sa demeure, sa vie, son passé?"
> (그녀의 이름, 거주지, 삶, 과거는 무엇이었나요?)
>
> "Elle était en train de broder quelque chose."
> (그녀는 무언가 자수를 놓고 있는 중이었다.)

첫 번째 예문은 자유간접화법으로 나타나 있다. 이러한 형식 아래 해설자는 프레데릭이 제기한 질문들을 되받고 있는데, 이를 직접화법으로 바꾸어보면 다음과 같을 것이다.

> "Il se disait : Quels sont son nom, sa demeure, sa vie, son passé?"
> (그는 그녀의 이름, 거주지, 삶, 과거가 무엇인지 생각했다.)

자유간접화법에 대한 문체론적인 관심은 '해설'(narration)과 '화법'(discours)이 섞여 있는 데 있다. 즉, 이야기할 때 시간이 흐르지 않는 '해설자의 발언'과 "Il se demandait~"(그가 자문하기를~)와 같은 도입동사(verbe introducteur)가 없는 '등장인물의 발언'이 섞여 있고, 또한 위 예문에서는 '의문문의 양태'도 섞여있다.

두 번째 예문 "Elle était en train de broder quelque chose"(그녀는 무언가 자수를 놓고 있는 중이었다)는 이야기(récit)에 속한다. 그러나 해설자는 프레데릭의 시점(point de vue)을 채택하고 있지만, 마담 아르누가 무슨 자수를 놓고 있는지는 정확하게 알려주고 있지 않다. 그래서 해설자의 시점은 전능적이지 않다. 해설자는 프레데릭의 입장으로 옮겨가서, 프레데릭의 시선을 통하여 마담 아르누를 묘사하고 있다.

이와 같이 시선이 내적(interne)이며 심지어 무의식적인(inconsciente) 발화행위와 나란히 가는 범위 내에서는 다중성(polyphonie)이 존재한다고 우리는 말할 수 있다.

3.2. 화자와 발화자

3.2.1. 다양한 발언

일상생활의 많은 발화내용에 있어서도 마찬가지다. 다음과 같은 상황을 상상해보자.

마리가 폴의 집에서 열리는 저녁파티에 초대되었는데, 그녀가 아파서 폴에게 초대에 응하지 못한다는 전화를 한다. 그 후에 폴이 피에르와 대화하면서 피에르에게 다음과 같이 말할 수 있다.

a) *Marie ne vient pas, parce qu'elle est malade.*
(마리는 아프기 때문에 오지 않아.)

b) *Marie est malade.*
(마리가 아파.)

c) *Marie a dit qu'elle était malade.*
(마리가 아프다고 말했어.)

d) *Marie serait malade.*
(마리가 아픈가봐.)

e) *Marie ne vient pas, sous prétexte qu'elle est malade.*
(마리는 아프다는 핑계로 오지 않아.)

위의 발화내용은 전부 마리가 발화한 말을 폴이 옮기면서 다중성이 생긴 것이다.

발화내용 a)와 b)에서 폴은 자신의 말이 마리가 한 말임을 밝히지 않고 마리의 말을 옮겼는데, 이는 폴 자신이 마리의 말에 대하여 책임을 진다는 뜻이며, 이로 미루어 마리가 아프다는 것을 믿도록 해준다.

발화내용 c)에서 폴은 간접화법(discours indirect)을 사용하여 마리가 한 말을 전달했는데, 이것은 마리의 말에 대해 폴 자신이 책임지지 않고 말을 옮기는 것에 만족한다. 이것은 마리가 아프다는 내용은 더 이상 긍정하지는 않고, 다만 그녀가 아프다고 말했던 것만을 긍정하는 것이다. 이러한 발화내용은 화자의 입장에서 마리가 말한 이유를 묵시적으로 거부하고 있기 때문에 청자로 하여금 그녀가 아프다는 것을 덜 믿도록 한다.

마찬가지로 발화내용 d)도 조건법(conditionnel)을 사용함으로써 마리가 아프다는 것을 가정한다. 이때 화자는 자신이 말한 것에 대하여 책임을 질 필요가 없다. 이 발화내용은 "Il paraît que Marie est malade"(마리가 아프다는 것 같아요)라는 환언으로 바꿀 수도 있다. 조건법은 마리가 말한 것이라기보다는 오히려 사람들(on)이 그렇게 말한 것처럼 들리게 한다.

발화내용 e)에서 화자는 확고한 태도를 취하고 있는데, 화자가 "sous prétexte que"(~핑계로)라는 표현을 사용함으로써 마리의 병이 꾀병이라고 전달하는 것에 대한 책임을 지게 된다. 이렇게 하여 화자는 마리가 말한 이유를 믿지 못하게 한다.

이러한 발화내용들에 의해서 마리의 병이 어떻게 되었나요?

그녀가 아프다는 것이 발화내용 a)와 b)에서는 참이었으며, c)와 d)에서는 의심스럽고, e)는 거짓으로 표현되어졌다.

우리는 발화내용을 산출하는 이를 화자(**locuteur**)라고 부를 것이며, 말해진 담화에 대하여 책임지는 자를 발화자(**énonciateur**)라고 명명할 것이다. 어떤 언어학자들은 발화자라는 용어를 발화내용을 산출한 자로 보기도 하며, 발화내용에 책임을 지는 자를 단언자(**assserteur**)라고 칭하기도 한다. 이때, 단언(**assertion**)이란 사람들이 참이라고 주장하며 지지하는 명제(proposition)를 가리킨다.

따라서 c)와 d)에서 폴은 화자(locuteur)일 뿐이며, a)와 b)에서 폴은 화자 겸 발화자이다. e)에서 폴은 마리가 아프다는 것에 관해서는 화자이지만, "parce que"(그 이유는 ~때문이다) 대신 "sous prétexte que"(~핑계로)라는 말로 대체하면서 마리의 병이 꾀병이라고 주장하는 한도 내에서 폴은 발화자(énonciateur)가 된다.

Dans les cinq énoncés, il y a polyphonie puisque sont rapportées par Paul les paroles énoncées par Marie.

Dans les deux premiers énoncés, Paul rapporte les paroles de Marie, sans préciser que ce sont ses paroles : il en assume la responsabilité et, de ce fait, rend crédible la maladie de Marie.

Dans le troisième énoncé, il signale, par l'emploi du discours indirect, que les propos émanent de Marie. Il se contente de les rapporter sans les prendre à sa charge. N'est plus affirmée la maladie de Marie mais le fait qu'elle l'a dit. Ce refus d'implication de la part du locuteur rend moins crédible sa maladie.

Il en va de même dans le quatrième énoncé. L'emploi du conditionnel hypothétise la maladie de Marie. Le locuteur ne prend pas en charge ce qu'il dit. Pareil énoncé peut se paraphraser en *Il paraît que Marie est malade*. Le conditionnel donne à entendre que c'est ce qu'on dit plutôt que c'est ce que Marie dit.

Enfin, dans le dernier énoncé, le locuteur prend position : en utilisant *sous prétexte que*, il prend la responsabilité de dire que la maladie de Marie est feinte. Il discrédite ainsi la raison invoquée par Marie.

Comment apparaît la maladie de Marie selon ces énoncés?

Elle se présente comme vraie dans les deux premiers énoncés, douteuse dans les deux suivants et fausse dans le dernier.

On appellera **locuteur** celui qui produit l'énoncé et **énonciateur** celui qui est responsable du discours tenu. Certains linguistes préfèrent réserver le terme **énonciateur** à celui qui produit l'énoncé et appeler **asserteur**, celui qui prend en charge l'énoncé - une *assertion* étant une proposition que l'on avance et qu'on soutient comme vraie.

Ainsi. Paul n'est que locuteur dans les troisième et quatrième énoncés, alors qu'il est à la fois locuteur et énonciateur des deux premiers énoncés. Dans le dernier énoncé, il n'est que locuteur en ce qui concerne la maladie de Marie mais est énonciateur dans la mesure où il avance que cette maladie est fausse, par la substitution de *sous prétexte que* à *parce que*.

3.2.2. 일인 다의적 발화행위

여러 가지 발언(voix)이 하나의 동일한 발화내용 안에 섞여있을 때 다중성이 존재한다. 이와 같은 발언은 여러 사람에게서 비롯될 수도 있고, 하나의 발화내용으로 여러 가지 사실을 얘기하는 한 사람에게서 비롯될 수도 있다.

보기 필자가 "Pierre n'est pas venu à la soirée"(피에르가 저녁파티에 오지 않았어)라고 말하는 것은 "Pierre aurait pu venir à la soirée"(피에르가 저녁파티에 올 수도 있었을 텐데)라고 발화하는 것과 마찬가지인 것이다. 이것은 필자에게 일종의 두 명의 발화자가 공존하고 있는 것으로서, 하나는 피에르가 오지 않았음을 알리는 발화자이며, 다른 하나는 그가 올 수도 있었다는 가능성을 알리는 발화자이다.

언어학자 마르탱(Robert Martin)은 반대영역(**anti-univers**)에 대하여서 언급하고 있는데, 반대영역이란 비록 발화행위의 순간에는 거짓일지라도, 참일 수 있었거나(auraient pu être vraies) 혹은 사람들이 그렇게 생각하는 명제들의 총체(ensemble de propositions)를 가리킨다. 즉, 명제가 참이 되는 반사실 세계(mondes contrefactuels)가 존재한다는 것이다. 즉, "Pierre est venu à la soirée"(피에르가 저녁파티에 왔어)는 이러한 반대영역(anti-univers)에서는 참이다. 반면에 "Pierre n'est pas venu à la soirée"(피에르가 저녁파티에 오지 않았어)는 화자의 믿음영역(univers de croyance) 내에서는 참이다.

이와 같은 부정적 발화내용(énoncé négatif)의 다중성은 코르네이유(Corneille)의 『르 시드』(*Le Cid*) 제3막 4장에서 쉬멘느(Chimène)가 로드리그(Rodrigue)에게 응대할 때 생기는 완곡어법 효과(effet de litote)를 설명할 수 있다.

"Va, je ne te hais point" (가라, 나는 너를 조금도 미워하지 않아)

"Je ne te hais point"(나는 너를 조금도 미워하지 않아)"는 "J'aurais pu te haïr, j'aurais eu toutes les raisons de te haïr. C'est pourquoi ne pas te haïr est une immense preuve d'amour"(내가 너를 미워할 수도 있었을 테고, 너를 미워할 온갖 이유도 있었을 거야. 그래서 너를 미워하지 않는 것은 무한한 사랑의 증표야)라고 말하는 것과 같다.

프로이트(Freud)의 논문 「부정」(*Die Verneinung*), 이것의 프랑스어 번역문의 제목은 「*La dénégation*」인데, 여기서 프로이트도 부정적 발화내용은 흔히 긍정적 발화내용을 표현한 것이라고 하였다. 만약 어느 환자가 꿈 얘기를 하는데, 그의 꿈속에 한 여인이 나타났는데, 이 여인이 자신의 모친이 아니었다고 정확히 말한다면, 정신분석자는 이를 통해 꿈속의 사람이 그 환자의 모친이었다고 연역할 수 있다. 즉, "그 사람은 내 모친이 아니었다"(ce n'était pas ma mère)라고 말하는 것은 바로 "그 사람은 내 모친이었을 수 있다"(ç'aurait pu être ma mère)라고 말하는 것이며, 인정하기를 거부하는 것이며, 무의식적으로 "그 사람은 내 모친이었다"(c'était ma mère)라고 말하고 싶은 것을 억압하고 있는 것이다.

V. 발화행위에서 상호발화행위까지

모든 발화행위는 타인을 전제하며, 비록 우리가 혼자일지라도 마찬가지이다. 이러한 타인을 설득시키고 감동시키며 행동하도록 부추겨야 한다. 고대(Antiquité)에 생겨난 학문인 수사학(rhétorique)은 장래의 연설가에게 그들의 담화가 영향력을 지녀서 타인에게 영향을 미칠 수 있도록 잘 표현하는 방법을 가르치는 것을 목적으로 하고 있었다.

비록 프랑스에서 고등학교 2학년[1)]을 일컬어 더 이상 “수사학의 학년”(classe de rhétorique)이라고 하지 않으며, 수사학을 완전한 하나의 학문으로 더 이상 가르치지 않는다고 할지라도, 말을 잘하는 기술은 여전히 시사성이 있으며, 구직면접 때와 마찬가지로 변호사의 경우에도 역시 매우 유용한 기술이다. 또한 프랑스 국립 직업소개소(ANPE)에서는 구직신청자들이 면접할 때에 효과적으로 말하는 방법을 알게 하기 위하여 대화기술에 대한 연수를 실시하고 있다.

언어학자 로만 야콥슨(Roman Jakobson)은 6가지 주축들(pôles)과 이에 각기 대응하는 6가지 기능들을 짝지어서 의사소통의 도식(schéma de la communication)을 제시했다. 그 도식은 다음과 같다.

역주1) 프랑스의 교육제도에서 “제1학년”(classes de première)은 우리나라에서는 고등학교 2학년에 해당한다. 참고로, 고등학교 3학년은 “마지막 학년”(classes de terminale)이라고 한다.

의사소통의 도식

상황

발신자 ——— 전언 ——— 수신자

접촉

약호

대응하는 기능

지시적 기능

감성적 기능 ——— 시적 기능 ——— 동태적 기능

교감적 기능

메타언어적 기능

발신자(**destinateur**)는 말하는 이로서, 화자(locuteur)를 가리킨다. 전언(message)이 화자의 사고나 감정을 드러내며 주관성(subjectivité)으로 채색될 때, 우리는 화자의 감성적(**émotive**) 또는 표현적(**expressive**) 기능에 대하여 말하게 된다. 발화내용은 다소 주관적이기 마련이다. 특히 다음과 같이 연극의 서정적 독백은 주관적 발화내용의 경우이다.

보기 『르 시드』(*Le Cid*)의 제1막 4장을 이루고 있는 동디에그(Don Diègue)의 독백은 7번의 감탄(exclamation)과 등장인물의 분개를 표현하며 결과적으로 감탄과 유사한 4번의 허위질문으로 구성되어 있다. 이러한 독백을 통해 동디에그를 자극하는 감정들이 명백한 방법으로 드러나게 된다.

수신자(**destinataire**)는 화자가 말을 건네는 사람으로서, 수신자가 대화에 개입하지 않는다면 '청자'(allocutaire)가 되고, 언어적 교환이 행해진다면 '대화상대자'(interlocuteur)가 된다. 수신자는 동태적(**conative**) 기능을 가진다. 동태적이라는 말은 라틴어 conor에서 유래되었는데 '애를 쓰다'라는 뜻이다. 동태적이라는 것은 수신자에게 어떤 효과가 나타나는 것을 가리킨다. 이 기능은 근본적인 것으로서, 말한다는 것은 응답(réponse), 감동(émotion), 행동(action), 인지(reconnaissance) 등의 다양한 효과들을 산출하기 위하여 타인을 향한 행위이기 때문이다.

상황(**contexte**)이란 광의적으로 보아서 발화행위의 배경(situation)이라고 볼 수 있는데, 언어적 형태가 가리키는 관찰가능한 세계의 모든 '대상'(objets)이나 '표시'(manifestations)와 같은 발화행위의 배경을 가리킨다. 전언의 지시적(**référentielle**) 기능은 발화내용의 순전히 정보적인 측면, 즉 그것이 언급하고 있는 것과만 연관이 있다.

전언(**message**)이란 발화내용(énoncé)이다. 만약 우리가 전언 그 자체에 관심을 가진다면, 즉 시니피에보다 시니피앙에 더 관심을 가진다면, 고찰되는 것은 바로 발화내용의 시적(**poétique**) 기능이다. 이를테면, 라신느(Racine)의 『앙드로마크』(*Andromaque*)의 제5막 5장의 다음 구절을 보자.

> "Pour qui sont ces serpents qui sifflent sur vos têtes?"
> (누구를 위하여 이 뱀들은 당신들의 머리 위에서 쉬쉬 소리를 내는가?)

이 구절은 살인범을 따라다니며 회초리로 고문하거나 뱀으로 살인

범들을 물게 하는 지옥의 여신들(Érinnyes 또는 Furies)의 역할을 환기시킨다. (이러한 분석은 지시적 기능을 살핀 것이다.) 위 구절에서 [s] 의 두운법(allitération)은 철자소 "s" 에 의해 연상되는 물결모양과 비슷한 뱀의 움직임뿐만 아니라 동시에 치찰음 [s]에 의해 연상되는 뱀 소리도 환기시킨다. (이러한 분석은 지시적 기능에도 도움이 되는 시적 기능의을 살핀 것이다.)

교감적(**phatique:** 어원적으로 그리스어 "phasis"= "parole") 기능이란 대화상대자와 접촉(**contact**)을 구축하거나 유지하도록 해주는 것이며, 그가 당신의 말을 듣고 있는가를 확인해주는 것이다. 그 전형적인 예는 전화할 때 대화의 첫마디인 "allô"(여보세요)이다.

약호(**code**)란 우리가 타인과의 의사소통을 위해 사용하는 언어(langue)를 말하는데, 이는 전언을 만들어내고 이해할 수 있게 해주는 규칙들과 기호들의 규약적인 체계이다.

메타언어적(**métalinguistique**) 기능이란 언어 자체를 다시 설명해주는 기능이다. 예를 들면 다음과 같다.

- 모든 자시어들(**autonymes**): 시니피앙으로서 자기지시적인 자시어(自示語)는 "프랑스어에서 'occurrence'(경우)라는 단어는 2개의 'c'와 2개의 'r'를 가지고 있다"(Occurrence a deux c et deux r)라는 문장에서의 "occurrence"의 경우.
- 언어학의 전문용어(terminologie)에 쓰이는 모든 단어들.
- 사전의 정의들(défintions).

■ "J'emploie ce mot dans son sens figuré"(나는 이 단어를 비유적 의미를 사용한다)와 같은 문장들의 정의들. 이것들은 메타언어(**métalangage**)에 속한다.

이러한 여러 가지 기능들은 언어활동(langage)의 복잡성을 보여주는 것으로서, 말한다는 것은 우리를 참여시키고 또한 타인도 참여시키는 행위이다.

Le **destinateur** est celui qui parle, le locuteur. Lorsque le message trahit les pensées ou les sentiments du locuteur, lorsqu'il est teinté de subjectivité, on parle de fonction **émotive** (ou **expressive**). Un énoncé est plus ou moins subjectif. C'est particulièrement le cas dans les monologues lyriques du théâtre (ex. : le monologue de Don Diègue qui constitue la scène 4 de l'acte I du *Cid* contient sept exclamations et quatre fausses questions marquant l'indignation du personnage et se rapprochant de ce fait de l'exclamation. À travers ce monologue transparaissent de façon flagrante les sentiments qui animent Don Diègue).

Le **destinataire** est celui à qui le locuteur parle, à savoir l'allocutaire s'il n'intervient pas, l'interlocuteur s'il y a échange verbal. Au destinataire correspond la fonction **conative** (du latin *conor* signifiant *s'efforcer de*). Est conatif ce qui est destiné à produire un certain effet sur le récepteur. Cette fonction est fondamentale : parler est un acte dirigé vers l'autre pour produire des effets variés : une réponse, une émotion, une action, une reconnaissance···

Le **contexte** est à prendre au sens large du terme : ce peut être la situation d'énonciation comme tous les objets ou manifestations du monde observables auxquels renvoie une forme linguistique. La fonction **référentielle** d'un message a trait à l'aspect purement informatif de l'énoncé, à ce à quoi il fait référence.

Le **message** est l'énoncé. Si l'on s'intéresse au message pour lui-même, aux signifiants plus qu'aux signifiés, c'est la fonction **poétique** de l'énoncé qui est prise en compte. Par exemple, le vers *d'Andromaque* de Racine (acte V, scène 5) :

Pour qui sont ces serpents qui sifflent sur vos têtes?

rappelle le rôle des Érinnyes (ou Furies), divinités infernales qui s'acharnaient après les meurtriers, les tourmentant à coups de fouet ou les faisant mordre par des serpents (fonction référentielle). L'allitération en [s] évoque à la fois le déplacement ondulatoire du serpent mimé par le graphème s et le sifflement du serpent mimé par le phonème sifflant [s] (fonction poétique au service de la fonction référentielle).

La fonction **phatique** (en grec : *phasis* = parole) est ce qui permet d'établir ou de maintenir le **contact** avec l'interlocuteur et de vérifier qu'il vous écoute. L'exemple-type est le *allô* initial des conversations téléphoniques.

Le **code** est la langue que nous utilisons pour communiquer avec l'autre, à savoir un système conventionnel de règles et de signes permettant la production et la compréhension du message.

La fonction **métalinguistique** est la fonction réflexive du langage : tous les mot **autonymes** (qui renvoient à eux-mêmes en tant que signifiants ; ex. : *occurrence*, dans une pharase comme *Occurrence a deux c et deux r*), tous les mots de la terminologie de la linguistique, les définitions des dictionnaires ou encore des pharases telles que *J'emploie ce mot dans son sens figuré* relèvent du métalangage.

Ces differentes fonctions montrent la complexité du langage : parler est un acte qui nous engage et engage l'autre.

1. 언어행위

1.1. 언표행위, 언표내적행위, 언표효과행위

1.1.1. 정의

말한다는 것은 무엇보다도 의미가 있는 일련의 음성을 만들어내면서 작용하는 것인데, 이것은 우리의 뇌와 근육과 감각의 작동을 필요로 한다. 이런 점에서 말하는 것은 언표행위(**acte locutoire**)이다.

모든 언표행위는 언표내적행위(**acte illocutoire**)라고 부르는 또 다른 행위를 포함하고 있다. 여기서 사용된 접두사 'il-'은 "dans"(內)을 의미하는 접두사 'in-'의 변이형이다. 즉, 언표내적행위란 모든 언표행위 안에 들어있는 행위를 의미한다. 예를 들어 만약 우리가 "2 더하기 2는 4이다"라고 말한다면 우리의 언표내적행위는 '단언'하는 것이고, 또 우리가 "들어오세요"라고 말한다면 이것의 언표내적행위는 '명령'이다.

Dire, c'est agir, tout d'abord en produisant une suite de sons douée de sens qui nécessite la mise en oeuvre de notre cerveau, de nos muscles, de nos sens. En cela, dire est un acte **locutoire**.

Tout acte locutoire comprend un autre acte, appelé **illocutoire** (le préfixe *il-*, variante combinatoire de *in-* signifiant *dans*, montre que cet acte est contenu dans tout acte locutoire). Si je dis par exemple *Deux et deux font quatre*, mon acte illocutoire est une affirmation. Si je dis *Entrez*, l'acte illocutoire est un ordre.

발화행위를 내포하는 동사가 있는 것만큼 다음과 같이 선험적으로 언표내적행위를 내포하는 동사가 있다. 즉, "affirmer"(단언하다), "prétendre" (주장하다), "remercier"(감사하다), "déplorer"(슬퍼하다), "promettre"(약속하다), "ordonner"(명령하다), "décréter"(공포하다), "inviter"(초대하다), "s'excuser"(변명하다), "décrire"(기술하다) 등이다.

오스틴(John L. Austin)과 그의 추종자 François Recanati와 같은 일부 언어학자들은 여러 가지 언표내적행위에 대한 목록을 만들고, 그것들을 분류하려고 시도했다. 그러나 도미니크 맹그노(Dominique Maingueneau)가 그의 저서『문학적 담화를 위한 화용론』(*Pragmatque pour le discours littéraire*)에서 다음과 같이 한계를 지적하고 있듯이, 이러한 시도는 여러 가지 어려움에 부딪힌다.

- 발화행위를 내포하고 있는 각 동사에 있어서 별개의 언표내적행위를 보아야만 할까?
- 동의관계로 기능하는 "pardonner"(용서해주다)와 "excuser"(용서하다), "jurer"(맹세하다)와 "certifier"(보증하다) 등의 동사들 간에는 어떤 차이가 있을까?
- 어떤 몇몇 동사들은 여러 가지 언표내적행위를 겸하고 있지 않을까?

끝으로, 언표내적행위는 흔히 언표효과행위(**acte perlocutoire**)가 되는 수도 있는데, 접두사 'per-'는 "au moyen de"(~수단으로)를 의미한다. 즉, 언표효과행위란 청자(allocutaire)에게서 어떤 효과나 반응을 산출해내려는 행위이다.

"너는 이번 학기동안 공부를 잘했구나"라고 아들에게 말한다면,

이것의 언표내적행위는 아들이 앞으로도 계속 노력하도록 격려하기 위한 '칭찬'이다. (그 후 아들이 계속 노력한다면 언표효과행위의 효과를 본 것이다.) 언표효과행위는 로만 야콥슨이 언급한 '동태적 기능'(fonction conative)과 비슷하다.

질문은 원칙상 언어적 반응(réaction verbale), 즉 대답(réponse)을 요청하지만, 어떤 질문들은 가장되거나 완곡한 명령(ordre)인 것도 있는데, 이것들은 비언어적인 행동을 요구한다.

보기 "peux-tu" (네가 ~할 수 있겠니?) 혹은 "pouvez-vous" (당신이 ~할 수 있습니까?), "as-tu" (너는 ~가지고 있니?) 혹은 "avez-vous" (당신은 ~가지고 있습니까?), "veux-tu" (너는 ~원하니?) 혹은 "voulez- vous" (당신은 ~원합니까?) 등으로 시작하는 많은 의문문들은 사실상 명령이며 상대방도 역시 명령으로 받아들인다.

만약 우리가 "Avez-vous l'heure?"(직역: 시계 가지고 있습니까? → 지금 몇 시입니까?)라는 질문을 간접행위(acte indirect)로 보지 않고 대답해야만 한다면, "oui"(예) 또는 "non"(아니오)으로 대답해야 하겠지만 실지로는 그렇게 대답하지 않는다. 이러한 유형의 간접행위는 관습적인 것이기 때문에 오해의 소지는 없다.

반면, "Je n'ai pas le courage d'aller faire les courses" (난 장보러 갈 용기가 없어)라고 말할 때의 언표내적행위(illocutoire)는 표면적으로는 확실한 사실(constat)이지만, 배후에는 '요구'나 '명령'을 감추고 있을 수 있으며, 위 발화내용은 "Peux-tu aller faire les courses à ma place?"(나를 대신해서

네가 장보러 갈 줄래?)라는 화용적 환언(paraphrase pragmatique)을 가지며 또한 '묵시적 명령'(ordre implicite)의 실행을 목표로 한다. 그러므로 이것도 간접행위와 관련된다.

그러나 앞의 사례와는 달리, 상대방이 꼭 그렇게 해석하지 않을 수도 있다.

만약 내가 "Puisque je te le dis, c'est que c'est vrai"(내가 너에게 그것을 말하는 까닭은 그것이 사실이기 때문이야)라고 말한다면, "puisque"(~까닭은)가 이끄는 절을 사용함으로써 언표효과행위는 '설득'에 해당되는데, 만약 내가 책임을 감수할 때는 강한 논지의 설득이지만, 동시에 아무런 현실적인 논지를 가져오지 못했거나 내가 논지에 서툴러 아무리해도 상대방을 설득하지 못했을 때는 약한 논지의 설득이 된다.

언표내적행위와 언표효과행위의 짝들이 있다. 가령, 어떤 발화내용이 언표내적행위로서는 '질문'이라면, 예상되는 언표효과행위는 '응답'이 될 것이다. 논증적인 발화내용을 통해 발화자는 상대방을 설득시키려고 한다. 그러나 일반적으로 언표효과행위는 상황에 따라 가변적이다. "Paul est venu me voir"(폴이 나를 보러 왔어)라고 말하는 것은 평서문이지만, 언표효과행위는 청자에게 정보를 제공하려고 하거나, 청자를 놀라게 하려고 하거나, 상처를 주려고 하는 수가 있다. 한편, 어떤 발화내용은 청자에게 어떤 반응을 유발하려고 발언되는 경우도 있을 수 있지만, 발화자가 예상하던 바대로 청자가 반응하지 않을 수도 있다.

그러므로 언표내적행위에 대한 목록은 설령 만들 수 있을지라도, 언표효과행위에 대한 분류는 어려움이 있다. 그 이유는 언표효과행위들이 상황(contexte)과 밀접한 관련이 있고, 또 순수 언어학의 영역을 벗어나 있기 때문이다. 왜냐하면 발화행위(action énonciative)에는 언어적인 것(verbales), 정서적인 것(affectives), 신체적인 것(physiques) 등의 여러 가지 반응들(multiples réactions)이 관련되기 때문이다.

말하는 것(dire), 그것은 행동하는 것(agir)이며, 이른바 수행문(**performatifs**)의 경우에는 더욱 그러하다.

1.1.2. 수행적 발화내용

우리가 시간적 연동소를 살펴보았을 때, 우리는 발화행위의 현재가 이른바 수행적인**(performatifs)** 발화내용에서의 현재와 일치하는 것을 보았다. 여기서 수행적 발화내용이란 발화행위가 발화내용이 표현하는 행위를 완료하는 것이다.

이러한 발화내용들은 특히 언어학자 오스틴에 의해서 연구되어왔는데, 그의 저서의 제목 『어떻게 언어로 행위를 할 것인가』(*How To Do Things with Words*)에서부터 암시하고 있으며, 이 책의 프랑스어 번역서의 제목은 『말하는 것은 곧 행하는 것』(*Quand dire c'est faire*)이다.

보기 "나는 걷는다" (Je marche)
vs "나는 네게 그것을 약속한다" (Je te le promets)

'걷기 위해서' "나는 걷는다" 라고 말하는 것은 충분치 않지만, "나는 네게 그것을 약속한다" 라고 말하는 것은 '약속' 의 행동을 실현하고 있다.

위의 두 동사간의 차이는 전자는 동작동사(verbe d'action)인 반면에,

후자는 발화행위를 내포하고 있는 동사라는 점이다.

표면적으로 유사한 의미의 발화내용들도 그 수행성(performativité)에 따라 달라지는데, 예를 들어 "Je m'excuse"(실례합니다)는 사실 화자 자신이 아니라 타인으로 하여금 화자 자신에게 양해를 구하고 있기 때문에 올바로 사용된 표현은 아니지만, 아무튼 이 말이 양해를 구하기 위해 "Je m'excuse"(실례합니다)라고 말하는 것으로 충분하다고 간주된다면 수행문(énoncé performatif)이 된다. 반면에, "Excusez-moi"(실례합니다)는 발화내용에 담긴 행위의 실현 여부가 청자(allocutaire)에게 달려있으므로 수행문이 아니다.

어떤 몇몇 수행문들은 타인에게 영향을 줄 수 있는 동사의 능력을 드러내기도 한다. 그러나 이러한 능력은 다만 언어적이며 또한 언어외적인 특정조건하에서만 존재한다.

보기 동사 "세례를 주다"(baptiser)

발화내용 "나는 네게 세례를 주노니"(Je te baptise)가 발화행위를 통하여 세례를 주는 행위가 실현되기 위해서는, 한편으로는 발화내용이 순시상적인(momentané) 현재시제와 1인칭 단수이어야 하며, 또한 이 문장이 교회의 대표자에 의해 발화되어야만 한다. 이 3가지 조건은 모두 충족되어져야 한다.

가령, 어느 신부나 목사가 "나는 일요일**마다** 아이들에게 세례를 주노니"(Je baptise des enfants chaque dimanche) 또는 "나는 나중에 그에게 세례를 줄 것**이니**"(Je le baptiserai plus tard)라고 말하거나, 교회장이 아닌 **다른 사람**이 "나는 네게 세례를 주노라"(Je te baptise) 라고 말하는 어떠한 경우에 있어서도 발화행위가 발화내용에 의해 선포된 행위를 완료하지 않는다.

원칙적으로 언어적인 한도 내에서 화자(locuteur)가 누구든지 수행문이 되는 "나는 네게 감사한다"(Je te remercie) 또는 "나는 네게 그것을 약속한다"(Je te le promets) 등과 같은 수행적 발화내용(énoncés performatifs)과는 달리, "나는 네게 세례를 주노니"(Je te baptise)와 같은 발화내용은 발화행위의 단순한 실행으로 행위가 된다.

이와 같이 '말'(parole)을 '행위'(acte)로 전환하는 능력은 요정들이나 마법사들 혹은 주술사들에게만 주어지는 것은 아니다. 이러한 능력은 특히 종교적, 법률적, 심지어 정치적 분야의 특정인들도 갖고 있다. 이것은 어떤 일을 주관하는 사람이나 성례적인 표현이나 주술적인 표현을 쓰는 사람들의 권한이다. 예를 들어, "개정을 선언하노니"(Je déclare la séance ouverte)라고 말하는 재판관의 발언에 의해 재판이 개시된다. 여기서 도입동사(verbe introducteur)가 함축적일 수 있음을 주목하자. 즉, 발화내용 "폐정을 선언하노니"(La séance est levée)도 역시 수행문이다.

위의 표현들에 흔히 선행되는 "내게 주어진 권한에 의하여"(en vertu des pouvoirs qui me sont conférés)라는 말이 있는 것은 발화내용이 수행적이 되려면 어떤 특정인에 의해서 발화되어져야 함을 보여준다. 시장 또는 부시장 중의 한 사람만이 "나는 당신들에게 결혼으로 당신들이

맺어졌음을 선포하노라"라는 표현을 수행적인 것으로 만들 수 있다.[2)]

창세기에서 신이 했던 첫마디 "빛이 있어라"(Que la lumière soit!) 하시매 빛이 있었고, 또는 최후의 만찬 때 예수님이 하신 말과 미사 때 그리스도의 희생을 기념하고 영속시키는 성찬식 순간에 신부님에 의해 재언되는 "이것을 받아먹어라 이것이 내 몸이니라 [⋯] 너희가 다 이것을 마시라 이것은 나의 피니라"(Prenez et mangez-en tous : CAR CECI EST MON CORPS. [⋯] Prenez et buvez-en tous : CAR CECI EST MON SANG)라는 말은 수행적인 것들이다.

지시소(déictique)인 지시대명사 "ceci"(이것)는 빵(영성체)과 포도주를 가리키는데, 이것이 성스러운 말의 힘에 의해 그리스도의 몸과 피가 된다. 위 발화는 그것을 발화하는 자가 교회의 대표자일 때만 수행적이 된다. 위 발화내용이 1인칭 단수는 아니지만 지시소 "ceci"가 화자와 관련되어 있으며, 이것은 "<u>내가</u> 손에 들고 있는 것"(ce que <u>je</u> tiens dans les mains)이라고 환언할 수 있다.

수행성은 빵과 포도주를 이루는 물질에서 그리스도의 몸과 피를 이루는 물질로의 초월적 변화(transsubstantiation)를 만들어 낸다. 이러한 변화에 대한 교리를 개신교도(protestants)들은 받아들이지 않고, 빵과 포도주가 그리스도의 몸과 피를 상징하는 것으로만 여긴다. 그렇지만, 일부 개신교도들에 있어서는 발화내용이 신의 영적 현존을 가져온다고 해서 수행성이 있다고 본다. 그러나 또 다른 개신교도들에게 있어서

역주5) 우리나라와 달리, 프랑스의 혼례식은 구역장(시장, 읍장⋯)이 주례를 맡아서 성혼을 선포해야만 혼인이 성립된다.

신(Dieu)은 단지 상징적으로만 현존한다고 여기기 때문에 수행성을 받아들이지 않는다.

성례적이며, 수행적이기 때문에 주술적인 이러한 표현은 『페르시아인의 편지』(*Les lettres persanes* : 이반에게 보내는 리카의 24번째 편지)에서 몽테스키외(Montesquieu)가 언급하고 있는 것과 같은 것이다.

> "Ce magicien s'appelle le pape : tantôt il lui[le roi] fait croire que trois ne sont qu'un, que le pain qu'on mange n'est pas du pain, ou que le vin qu'on boit n'est pas du vin ; et mille autres choses de cette espèces."
> (이 마법사는 교황이라고 불린다. 즉, 그는 왕으로 하여금 삼위가 오직 하나이며, 우리가 먹는 빵은 빵이 아니며, 우리가 마시는 포도주는 포도주가 아님을 믿으라고 한다. 그리고 이런 류들은 아주 많다.)

수행성은 잠재적일 수도 있다. 어느 정치인에 대하여 그가 '카리스마적'(charismatique)이라고 말하는 것은, 그의 연설이 청중들에게 잠재적으로 수행되도록 하는 능력을 가진 것을 말한다. 게다가, 명사 '카리스마'(charisma)가 그리스어에서 종교적 의미로 '은총'(la grâce)을 뜻한다는 어원 연구가 이를 증명한다.

1.2. 논증

1.2.1. 정의

"*Je publiai un article solidement argumenté et aussi persuasif que possible.*"
(나는 잘 논증되어있고 가능한 한 설득적인 논문 한편을 게재했다.)

위 예문은 *Petit Robert* 사전이 "argumenter"(논증하다)라는 항목에 인용했던 르콩트(L. Lecomte)의 표현으로서, '논증'(argumentation)은 위 구절의 언표내적행위이며, 논증의 당연한 귀결인 '설득'(persuasion)은 위 구절의 언표효과행위이다. 이 구절을 통하여 언표내적행위(acte illocutoire)와 언표효과행위(acte perlocutoire)를 묶어주는 관계를 볼 수 있다.

논증한다는 것은 논지들(arguments) 즉, 어떤 하나의 명제를 입증하거나 부인하는데 쓰이는 논리적인 사유를 통해 증명하는 것을 의미한다. 를 말한다. 어떤 결론을 받아들이도록 하기 위하여 논증이 필요하다는 것은 상대자 입장에서의 어떤 이의(contestation)가 있을 수 있기 때문이다.

언어학자 뒤크로(Oswald Ducrot)와 Jean-Claude Anscombre는『언어 속의 논증』(*l'Argumentation dans la langue*)이라는 그들의 저서에서 이러한 언표내적행위의 유형에 대하여 연구하였다.

이들이 제시한 "**argumenter**"(논증하다)의 정의는 다음과 같다.

> "C'est présenter un énoncé E1 (ou un ensemble d'énoncés) comme destiné à en faire *admettre* un autre (ou un ensemble d'autres), E2

à un interlocuteur."
(논증하는 것이란 상대방에게 어떤 하나의 발화내용 E1(발화내용의 총체)을 제시하여, 또 다른 발화내용 E2(다른 발화내용의 총체)를 수긍하도록 하는 것이다.)

논증행위(acte argumentatif)는 대화상대자가 말하는 것이나 생각하는 것을 변경하기 위해 자주 쓰이는데, 이런 점에서 논증행위는 다중성(polyphonie)과 관계가 깊다.

이러한 생각을 분명히 보이기 위하여, 마르셀 프루스트(Marcel Proust)의 『스완의 사랑』(*Un amour de Swann*)에서 한 대목을 살펴보자.

> "Quand [Swann] cherchait à [···] mesurer [son amour pour Odette], il lui arrivait parfois qu'il semblât diminué, presque réduit à rien ; par exemple, le peu de goût, presque le dégoût que lui avaient inspiré, avant qu'il aimât Odette, ses traits expressifs, son teint sans fraîcheur, lui revenait à certains jours. «Vraiment il y a progrès sensible, se disait-il le lendemain ; à voir exactement les choses, je n'avais presque aucun plaisir hier à être dans son lit : c'est curieux, je la trouvais même laide.» Et certes, il était sincère, mais son amour s'étendait bien au-delà des régions du désir physique."
> (스완이 오데트에 대한 사랑을 재어보니, 그것은 거의 흔적조차 없을 정도로 줄어드는 듯이 보였다. 예를 들어 오데트를 사랑하기 전에, 표정이 풍부한 그녀의 얼굴 모습과 신선함이 없는 그녀의 안색으로부터 스완이 받았던 거의 혐오감에 가까운 약간의 정감이 스완에게 며칠 동안 다시 떠오르고 있었다. «정말로 현저하게 발전했는걸, 하며 스완은 그 다음날 되뇌었다. 대상들을 정확히 보건대, 나는 어제 그녀와 동침하면서 거의 아무런 쾌락이 없었다. 신기하게도 나는 심지어 그녀가 추하다고 여겼었다.» 물론 스완은 진지했었다. 그러나 그의 사랑은 육체적인 욕망의 범위를 훨씬 초월하여 펼쳐지고 있었다.)

마지막 문장에서 “certes”(물론)와 “mais”(그러나)에 밑줄 쳤는데, 이것들의 기능에 대하여 고찰하여 보자.

이 문장은 스완이 오데트에게서 멀어진 느낌과 그녀에게서 더 이상 육체적인 매력을 찾지 못하는 느낌을 갖고 있다는 그녀에 대한 스완의 생각이 직접화법으로 표현된 대목을 앞세우고 있다. “그는 진지했다”(Il était sincère)라는 절(proposition)은 스완이 말했던 것, 즉 그의 발화행위와 관련된다. 이 절은 “스완이 더 이상 오데트를 좋아하지 않는다”(Swann n'aime plus Odette)라는 결론을 내리기 위한 하나의 논지인 것이다.

접속사 “mais”(그러나)는 어떤 역할을 하고 있을까? 이 접속사는 “certes”(물론)의 논증방향(orientation argumentive)을 역행시키는 것으로, “certes”가 이끄는 논지보다 더 강한 논지를 예고한다. 즉, 스완의 사랑이 육체적인 것을 초월했다는 논지는 “스완은 여전히 오데트를 좋아하고 있다”(Swann aime toujours Odette)라는 묵시적인 결론(conclusion implicite)을 이끈다. “mais”(그러나)가 이끄는 결론은 “certes”(물론)가 이끈 것을 상반되게 하며 부정한다.

해설자는 스완의 발화행위와 해설자 자신의 발화행위를 대립시키고 있는데, “certes~ mais~”라는 표현은 보통 다음과 같은 방식으로 기능한다. “certes”는 상대방이 발화했던 것을 반복하면서 가식이든 사실이든 아무튼 예의상 스완의 진술에 동의를 해주는 방식이지만, 논증방향을 바꾸는 “mais”(그러나)가 나올 것을 예상한다.

“mais”와 상관관계를 이루고 있는 “certes”의 이와 같은 기능은 고대 프랑스어 시대에서부터 이미 존재했던 것이지만, 가장 빈번하게 사용된 경우는 아니었다. “certes”는 보통 독자적으로 사용되어서 동의

(acquiescement)의 가치가 뚜렷하였다.

이러한 의미변이에 대하여 *Petit Robert* 사전에는 다음과 같이 표시하고 있다.

1 *Litt. ou vieilli.* Certainement, en vérité (문학어 또는 고어에서 : 확실히, 정말) ;
2 Indique une concession (양보 표현)

이와 같은 의미변이는 "certainement"(확실히, 물론), "sans doute"(틀림없이, 아마도) 등에서 일어나는 의미변이와 흡사하다.

프랑스어에서 사용되는 논증어(mots argumentatifs)들은 다음과 같다.

- 부사 : "même"(~조차), "décidément"(정말로), "évidemment"(분명히, 물론), "presque"(거의), "à peine"(겨우)
- 종속접속사 : "puisque"(~이기 때문에)
- 등위종속사 : "or"(그런데), "donc"(그러므로), "mais"(그러나), "car"(왜냐하면)

동일한 자격이 아닌 2가지 단위의 언어체를 연결하고 «연접하는» (connecte) 단어를 논증적 연접사(connecteurs argumentatifs)라고 말한다.

다음 발화내용을 살펴보자.

"Il y a du monde sur le périphérique, mais autant le prendre."
(순환도로에 사람들이 많긴 하지만, 그래도 순환도로를 이용하는 편이 나아.)

위 발화내용에서 “Il y a du monde sur le périphérique” (순환도로에 사람들이 많다)는 다음 2가지 결론을 도출해내는 하나의 논지이다.

▸ On ne pourra pas rouler vite. (우리는 빨리 달릴 수 없을 것이다.)
▸ Il vaut mieux ne pas le prendre. (순환도로를 이용하지 않는 편이 낫다.)
  : 묵시적 결론

“Autant le prendre.”(순환도로를 이용하는 편이 낫다)는 “On ira plus vite qu’en prenant les boulevards extérieurs ou qu’en traversant tout Paris”(우리가 넓은 도로를 이용하거나 혹은 파리를 관통하는 것보다는 더 빨리 갈 것이다)라는 묵시적인 논지에 대한 명시적인 결론이다.

논증적 연접사인 “mais”(그러나)는 표면적으로 명시적인 논지 ‘Il y a du monde sur le périphérique’(순환도로에 사람들이 많다)와 명시적인 결론 ‘autant le prendre’(그것을 이용하는 편이 낫다)를 대립시키고 있지만, 심층적으로는 묵시적 결론 ‘Il vaut mieux ne pas le prendre’(그것을 이용하지 않는 편이 낫다)와 명시적 결론 ‘autant le prendre’(그것을 이용하는 편이 낫다)를 대립시키고 있다.

마찬가지로, 요즈음 널리 쓰이고 있는 다음 발화내용에서 “mais”(그러나)가 어떻게 기능하는지 살펴보자.

■ “Tu m’aimes?”(너 나 좋아해?)
■ “Mais oui, je t’aime.”(그럼, 좋아하지.)

미리 살펴보아야 할 2가지가 있다.

▸ "Tu m'aimes?"(너 나 좋아해?)라는 질문을 제기한 사람이 분명히 알고 있는 것에 대한 단순 확인을 기대하고 질문했다면 이것은 진정한 질문이기 어렵다.

따라서 이러한 발화내용은 사랑놀이(jeu amoureux)에 속한다. 게다가, 질문이라는 것을 표시해주는 유일한 표지(marque)는 입말에서는 억양(intonation)이며 글말에서는 구두법(ponctuation)인데, 이러한 점을 비추어 보아, 이러한 발화내용은 "M'aimes-tu?"(나를 좋아해?) 또는 "Est-ce que tu m'aimes?"(나를 좋아해?)와는 반대로, 아마도 진정한 의문문이 아닐 수도 있다.

▸ 대답은 의무적으로 "oui"(긍정의 대답)를 포함하여야 하므로, "*Mais je t'aime"(그러나 좋아하지)라는 대답은 받아들일 수 없다.

그렇다면 "mais"(그러나)는 무엇을 반대하는 것일까? 상대방이 화자를 진심으로 좋아하는 경우라면, "mais"는 다음과 같이 기능한다.

- ㅁ 너는 내게 내가 너를 좋아하는지 묻는다.
- ㅁ 너의 질문은 필요하지 않다. 왜냐하면, 내가 너를 좋아한다는 것을 네가 알고 있기 때문이다 : 묵시적 논지.
- ㅁ 그러므로 나는 너에게 대답할 필요가 없다 : 묵시적 결론.
- ㅁ <u>그러나</u> 비록 나는 너에게 '그렇다' (oui)라고 대답한다 : 명시적 결론.
- ㅁ 왜냐하면 나는 너를 좋아하고, 너는 안심을 필요로 하기 때문이다 : 가능한 묵시적 논지.

반대의 경우로, 상대방이 실제로 화자를 좋아하지 않을 때, "mais"(그러나)는 다음과 같이 기능한다.

- ㅁ 너는 내게 내가 너를 좋아하는지를 묻는다.
- ㅁ 그런데 나는 너를 좋아하지 않는다 : 묵시적 논지.
- ㅁ 그러므로 나는 '아니다'(non)라고 대답해야 할 것이다 : 묵시적 결론.
- ㅁ 그러나 나는 네게 '그렇다'(oui)라고 대답한다 : 명시적 결론.
- ㅁ 왜냐하면 나는 네가 상처를 받는 것을 원치 않으며, 너에게 진실을 말하는 것은 상상하지도 못할 일이기 때문이다 : 가능한 묵시적 논지.

위 예를 통해서, 논증과 다중성이 연결된 밀접한 관계를 볼 수 있다. 위의 두 경우에서 "mais"(그러나)는 동일한 한 사람이 말한 발화행위이지만, 한쪽은 묵시적, 다른 한쪽은 명시적으로 대립하고 있다.

"Mais oui je t'aime"(그럼 좋아하지)는 흔히 불필요한 질문에 대답해야 하는 귀찮음이나 상대에게 속박되어서 거짓말을 해야 하는 짜증스러움을 표현하는 것이기도 하다.

부사 "même"(심지어)와 시간적 의미를 가지고 있지 않은 "toujours"(적어도)에 대하여 살펴보자.

다음 두 발화내용을 보자.

a) J'aime tous les légumes: les pommes de terre, les carottes, les petits pois et même les rutabagas. (나는 모든 채소를 좋아하는데, 감자, 홍당무, 완두콩 그리고 심지어 순무까지도 좋아한다.)

b) Allons chez Paul. On y sera toujours mieux qu'ici.
(폴의 집으로 가자. 거기 있는 편이 적어도 여기 있는 것보다는 나을 거야.)

발화내용 a)에서, "même"(심지어)는 "나는 모든 채소를 좋아한다"라는 결론에 대하여 확실하고 결정적인 논지를 도입시킨다. 그다지 선호하지 않는 채소로 취급되는 순무를 좋아한다면야 그 사람은 당연히 다른 채소는 좋아할 것이다. (*Petit Robert* 사전에는 순무에 대한 사르트르의 구절을 인용하고 있다. 그 대목을 보면, "우리는 우리의 가난과 식탁에 올라왔던 순무를 감내해야만 하는 것에 부끄러웠었다"[Nous avions la honte de nous accommoder de notre misère, des rutabagas qu'on servait à table]를 통해서 사람들이 순무를 선호하지 않음을 알 수 있다.)

감자를 좋아하는 것은 모든 채소를 좋아하는데 결정적인 논지가 아니기 때문에 "*나는 모든 채소를 좋아한다. 즉, 당근, 순무, 완두콩 그리고 감자조차도 좋아한다"라는 발화내용은 받아들이기 어렵다.

논증적인 "toujours"(적어도)가 있는 발화내용 b)를 살펴보자.

"폴의 집으로 가자. 거기 있는 편이 적어도 여기 있는 것보다는 나을 거야"에서 논증부분은 "거기 있는 편이 적어도 여기 있는 것보다는 나을 거야"이며, 결론부분은 "폴의 집으로 가자"이다.

"même" (심지어)와는 달리, "toujours" 는 약한 논지를 제시한다. 그러나 비록 논지가 약하다고 할지라도 "toujours" 도 하나의 논지(argument)이다. "toujours" 는 위 문장에서 "au moins" (적어도)과 등가로서, 이것은 이미 진전된 논지에 대해 부차적인(mineur) 특징을 드러내는 역할을 한다.

1.2.2. 논증방향

발화내용에는 긍정적인 논증의 방향을 가진 것도 있고 부정적인 것도 있다. 아래에 그 논증방향이 다른 여러 쌍의 발화내용이 있다.

1a) *Neuf Français sur dix, en âge de travailler, ont un emploi.*
(프랑스의 노동인구 10명 중 9명은 일자리를 갖고 있다.)

1b) *Un Français sur dix, en âge de travailler, est au chômage.*
(프랑스의 노동인구 10명 중 한 명은 일자리가 없다.)

2a) *Il a lu quelques pièces de Racine.*
(그는 라신느의 희곡 몇 편을 읽었다.)

2b) *Il n'a pas lu toutes les pièces de Racine.*
(그는 라신느의 희곡 전부를 읽지는 않았다.)

3a) *Il est un peu inquiet.* (그는 조금 걱정하고 있다.)

3b) *Il est peu inquiet.* (그는 조금도 걱정하지 않는다.)

4a) *Il a presque la moyenne.* (그는 거의 중간점수이다.)

4b) *Il a à peine la moyenne.* (그는 겨우 중간점수이다.)

◎ 1a)와 1b)의 분석

발화내용 1a)와 1b)는 정보적인 면에서는 엄밀히 말하자면 동일하지만, 논증의 방향은 상반된다. 발화내용 1a)는 경제상황이 괜찮다는 논지이며, 1b)는 경제상황이 경고적임을 언급하는 논지이다. 이는 컵의 절반이 차 있다고 생각하거나 혹은 컵의 절반이 비어있다고 생각하는 것과 같다.

◎ 2a)와 2b)의 분석

발화내용 2a)와 2b)도 역시 정보적인 면은 거의 비슷하지만, 그 논증의 방향은 다르다. 앞서 보았듯이, 다중성이 개입되는 부정(négation)의 출현으로 그 논증방향을 설명해 볼 수 있다. "Il n'a pas lu toutes les pièces de Racine"(그는 라신느의 희곡 전부를 읽지는 않았다)라고 말하는 것은 "Il aurait pu les lire toutes"(그는 라신느의 모든 작품을 읽을 수도 있었을 것이다)라는 것도 의미하는데, 여기서 발화내용은 비슷하지만 부정적 논증방향이 생기게 되고, 2a)의 논증방향은 그 반대가 된다.

◎ 3a)와 3b)의 분석

발화내용 3a)와 3b)는 동일한 정보를 갖고 있지 않다. "peu"(조금도)와 "un peu"(조금) 간에는 양적 차이가 있으며, "un peu"는 "peu"보다 더 우위를 표시한다. 그러나 여러 현상으로 이 둘을 대조해볼 수 있는데, 발화내용 "Il est peu inquiet"(그는 조금도 걱정하지 않는다)에서 '그가 걱정하는 것'이 전제이며, '그가 조금도 걱정하고 있지 않다는 것' 은 신정보이다. 반면, 발화내용 "Il est un peu inquiet"(그는 조금 걱정하고 있다)에서는 '발화내용 전체'가 신정보이다.

그러므로 의미효과는 달라져서, "Il est un peu inquiet"(그는 조금 걱정하고 있다)라고 말하는 것은 "Il est inquiet"(그는 걱정하고 있다)와 동일한 방향을 가지며, 한편 "Il est très inquiet"(그는 아주 걱정하고 있다)의 완곡어법(litote)일 수도 있다. 반면 "Il est peu inquiet"(그는 조금도 걱정하지 않는다)는 "Il n'est pas inquiet"(그는 걱정하지 않는다)와 등가이다.

◎ 4a)와 4b)의 분석

발화내용 4a)와 4b)도 역시 다른 정보를 제공하고 있으며, 다른 논증 방향을 갖고 있다. "거의 중간점수"(presque la moyenne)는 9.5라는 점수[3])와 등가인 반면, "겨우 중간점수"(à peine la moyenne)는 10.5라는 점수와 등가이다. 따라서 "거의(presque) 중간점수"보다 "겨우(à peine) 중간점수"를 얻는 것이 더 바람직하다.

그렇지만 "presque"(거의)는 발화내용 "Il a la moyenne"(그는 중간점수이다)와 동일한 의미로 통한다. 이 발화내용이 긍정적인 가치를 지니기 때문에 "presque"의 논증방향도 긍정적일 것이다. 반대로, "à peine"은 이런 맥락에서 부정적인 방향을 가질 것이다.

이러한 논증방향은 "presque"와 "à peine"에 의해 제공되는 정보에 영향을 주게 되는데, 그 이유는 이 두 발화내용에 대하여 설문을 받았던 고등학생들 중에서 많은 학생들이 "거의 중간점수"(presque la moyenne)를 가진 학생에게는 10점을 주었으나, "겨우 중간점수"(à peine la moyenne)를 받게 될 학생에게는 10점을 주지 않았기 때문이다.

발화내용 "Il a presque la moyenne"(그는 거의 중간점수이다)는 "S'il poursuit ses efforts, il l'aura le mois suivant"(그가 계속 노력한다면, 다음 달에는 중간점수를 받을 것이다)라는 결론을 위한 논지이다. 일종의 예상이 존재한다. 반면, 발화내용 "Il a à peine la moyenne"(그는 겨우 중간점수이다)는 그에게 있어서는 "S'il continue à ne pas travailler, il n'aura

역주3) 프랑스 학교에서는 20점이 만점이며, 중간의 10점은 통과점수이다.

plus la moyenne le mois prochain"(그가 계속 공부하지 않는다면, 다음 달에는 더 이상 중간점수를 받지 못할 것이다)"라는 결론을 위한 논지이다. 여기에도 예상이 존재한다.

"à peine"와는 반대로, "presque"의 논증방향이 만약 비슷한 발화내용 속에서 긍정일지라도, 그 함의들(sous-entendus)은 역이 될 수도 있다. 어떤 학생에 대하여 "Il a presque la moyenne"(그는 거의 중간점수이다)라고 말하는 것은, 간혹 그가 정말 노력은 했지만 그의 재능이 부족한 경우를 함의하는 수도 있다. 따라서 "거의"(presque) 중간점수를 받은 것도 그에게는 잘한 일이다.

반면에, 어떤 학생에 대하여 "Il a à peine la moyenne"(그는 겨우 중간점수이다)라고 말하는 것은 그가 공부하지 않아서 자신의 능력을 제대로 발휘하지 않았다는 의미로 이해하게 된다.

어떤 발화내용들은 논증방향을 알기 위해서 상황(contexte)과 문맥(co-texte)에 대하여 밝혀야 하는 경우도 있다. 발화내용 "Marie fait presque 60kg"(마리의 체중이 거의 60kg이다)는 다음과 같이 중의적(ambigu)이다.

a) 마리의 체중이 70kg이라서 체중조절을 시작했다. (Marie pesait presque 70kg, et a entamé un régime.)
b) 마리의 체중이 50kg이었는데 그만 뚱뚱해졌다. (Marie pesait 50kg et a malheureusement grossi.)

a)에서 "presque"는 긍정적인 방향이어서 "마리의 체중이 거의 60kg이다"라는 발화내용은 긍정적 가치를 갖는다.

반면, b)에서 부사 "presque"는 부정적인 방향을 갖는다.

이러한 예들을 통해, 우리는 논증(argumentation)이 상대방(interlocuteur)과의 관계에서 얼마나 중요한 역할을 하는가를 보았다. 사람들은 누구나 상대방을 설득시키고 동의를 얻기 위해서는 자신의 관점을 옹호하려고 노력한다.

Les énoncés 4a) et 4b) livrent également une information différente et ont une orientation argumentative divergente. *Presque la moyenne* éauivaut à 9,5, alors que *à peine la moyenne* équivaut à 10,5. Il est donc préférable d'avoir *à peine la moyenne* que *presque la moyenne*. Pourtant, *presque* va dans le même sens que l'énoncé *Il a la moyenne*. Comme cet énoncé a une valeur positive, l'orientation argumentative de *presque* sera positive. Inversement, *à peine* aura dans cet contexte une orientation négative. Cette orientation argumentative a une incidence sur l'information délivrée par *presque* et *à peine*, puisque, parmi des lycéens interrogés sur ces deux énoncés, plusieurs d'entre eux donnaient la moyenne à quelqu'un ayant *presque la moyenne* et ne la donnaient pas à celui qui aurait *à peine la moyenne*.

L'énoncé *Il a presque la moyenne* est un argument en faveur de la conclusion : *s'il poursuit ses efforts, il l'aura le mois suivant*. Il y a en quelque sorte anticipation. L'énoncé *Il a à peine la moyenne* est quant à lui un argument en faveur de la conclusion : *s'il continue à ne pas travailler, il n'aura plus la moyenne le mois prochain*. Là encore, il y a anticipation. Si l'orientation argumentative de *presque* dans un pareil énoncé est positive, contrairement à *à peine*, les sous-entendus peuvent s'inverser. Dire d'un élève qu'*il a presque la moyenne*, c'est parfois sous-entendre qu'il fait certes des efforts mais que ses capacités sont limitées : avoir *presque* la moyenne est bien pour lui. En revanche, dire d'un élève qu'*il a à peine la moyenne*, c'est laisser entendre qu'il gâche ses possibilités en ne travaillant pas.

2. 상호발화행위

2.1. 상호작용

만약 화자가 대화상대자에 대하여 끊임없이 작용한다면, 그 반대도 마찬가지이다. 요즘 언어학의 중요한 연구 중의 하나는 이러한 항구적인 상호작용(interaction)에 대하여 정확히 연구하는 것이다.

수신자(récepteur)는 수동적이기보다는 오히려 화자가 하는 말들을 해석하고, 자신의 태도와 말로써 화자가 하는 말의 방향을 바꾸기도 하며, 또 자신이 화자에게 경청하고 있음도 표현한다. 따라서 발화내용의 의미작용(signification)을 규정하기 위해서는 발화행위 뿐만 아니라 상호발화행위(co-énonciation)에 대해서도 고려해야 한다.

2.1.1. 동태와 조절어

비록 어떤 한 사람이 말하는 것을 독점하는 경우에도, 화자는 동태**(phatiques)**를 통해 상대방이 경청하고 있는지 확인할 필요가 있다 (cf. 로만 야콥슨이 만든 의사소통 도식의 동태적 기능). 반대로, 상대방은 자신이 듣고 있다는 것을 알리기 위해 조절어**(régulateurs)**를 사용한다. 예를 들어 전화통화시 상대방이 아무 말도 하지 않고 듣고만 있다면, 말하고 있는 사람은 “Tu m’écoutes?”(너 내 말 듣고 있니?)라고 물어 올 것이다.

화자는 상대가 경청하고 있다는 조절어를 필요로 할 뿐만 아니라 동감(assentiment)의 표시도 필요로 한다. 상대방이 눈썹을 찌푸리는 등의 간단한 동작(geste)도 화자를 당황하게 만들 수 있으며, 화자가 말했던 것들에 관해 생각하도록 만든다. 그리하여 계속되는 그의 담화는 여러 가지 상황과 화자와 상대방 간의 친밀도에 따라 다른 방식으로 수정된다. 예를 들어 화자는 “내가 믿건대”(je crois)를 덧붙이면서 태도를 바꾸거나 혹은 “요컨대, 바로 이것이 사람들이 내게 말한 것이다”(enfin, c’est ce qu’on m’a dit)를 덧붙이면서 자신이 말한 것에 대한 책임을 회피하는 식으로 자신이 방금 말했던 것을 수정할 것이다.

2.1.2. 대화의 기능

상호작용에 대하여 연구하는 언어학자들은 어떻게 대화(conversation)가 기능하는지를 연구하고, 말하는 순서의 교체에 관한 규칙과 언어적 상호작용의 구조적인 조직에 관한 규칙들을 밝혀내려고 한다. 카트린느 케르브라-오레키오니(Katherine Kerbrat-Orecchioni)의 저서 『언어의 상호작용』(*Les Interactions verbales,* 1990)은 이러한 문제에 대하여 명확히 다루고 있다.

이상적인 대화(conversation idéale)란 참가자들이 차례대로 번갈아가면서 말해야 하며, 침묵이 길지 않도록 해야 하며, 참가자 중의 누구라도 말하는 것을 독점하거나 자기 자신에 관한 얘기를 지나치게 하지 않도록 해야 한다. 그러나 실제로 대화는 거의 이상적으로 작동하지 않는다. 지나친 침묵(silence)이나 반대로 지나치게 장황한 것(chevauchements), 좋지 못한 순간에 말하는 것 또는 제 순서가 아닌 때에 개입하는 것 등이 흔히 나타난다.

대화는 다음 5가지 단위로 계층적으로 구조화해 볼 수 있다. 대단위에서부터 소단위까지 소개하면 다음과 같다.

- 상호작용(interaction)
- 언연쇄(séquence)
- 교환(échange)
- 개입(intervention)
- 언어행위(acte de langage)

◎ 상호작용

상호작용(**interaction**)은 최고 단위(unité maximale)로서, 어느 특정한 시간과 공간 내에서 어떤 주제에 대하여 말하는 참가자 그룹에 의해 잘 정돈된 대화(conversation)를 의미한다. 가령, 새로운 참가자가 도착했거나, 주제에 대한 변경이나 범위를 수정하고자 할 때에는 변경이 생길 수 있다. 그러나 갑작스럽지 않는 한, 새로운 상호작용에 직면하지는 않을 것이다.

◎ 언연쇄

모든 상호작용은 언연쇄(**séquences**)라고 불리는 교환들(échanges)의 덩어리(blocs)로 이루어져 있다. 의미적으로나 화용적으로 긴밀한 일관성이 하나의 언연쇄의 교환들을 연결하고 있다. 대부분의 상호작용들은 시작(ouverture)과 마감(clôture)의 경계를 표시하는 언연쇄들을 포함하고 있다.

보기 개시를 표시하는 언연쇄.

화자 1 : "Comment allez-vous?" (어떻게 지내세요?) a

화자 2 : "Très bien. Et vous?"(좋아요. 당신은요?) a'b

화자 1 : "Moyen."(그저 그래요.) b'

◎ 교환

위의 언연쇄는 연속되는 2개의 교환(**échanges** : aa'와 bb')을 포함하고 있는데, 이것은 가장 흔한 교환의 형태이다. 이것을 삽입식(enchâssés : abb'a')이나 혹은 더 드물지만 엇갈리는 방식(croisés : aba'b')으로도 교환할 수 있다. 위의 언연쇄에서 화자2는 단 한번 말할 순서를 가지지만, 응답(réponse)과 질문(question)이라는 두 번의 개입(**intervention**)을 하고 있다.

보기 다음과 같은 언연쇄(séquence)을 보자.

화자1 : "A quelle heure part le train?"(몇 시에 기차가 떠나요?) a

화자2 : "A huit heures."(8시에요.) a'b

화자1 : "Merci."(고마워요.) b'

화자2의 발화내용은 화자1의 질문에 대한 응답(réponse)과 도움(service)이 융합되어 있다. 따라서 위의 언연쇄는 두 번의 교환(aa' : 질문/응답, bb' : 도움/감사)을 가지고 있다.

끝으로 각 개입(intervention)에는 하나 또는 다수의 언어행위(**acte de langage**)가 나타난다. (cf. 본서 V. 1. 언어행위)

개입(intervention)과 언어행위(acte de langage)는 한 사람의 화자에

의해서 수행되는 것이기 때문에 단독적인 단위들(unités monologales)이고, 반면에 상호작용(interaction), 언연쇄(séquence), 교환(échange)은 대화의 단위들(unités dialogales)이다.

이와 같이, 모든 대화는 규칙에 따라서 구조를 이루고 있지만, 그렇다고 해서 이러한 규칙들이 매번 지각되는 것은 아니다.

2.2. 담화의 6가지 원칙

우리는 말할 때, '협동'(coopération)이라는 하나의 기본원칙으로부터 모든 것이 비롯된다는 법칙을 지키도록 노력해야 한다. 각자 대화가 갑자기 중단되지 않도록 협조해야 한다.

2.2.1. 명료성의 원칙

모든 발화내용은 알아들을 수 있어야 하며, 그래서 최소한의 문법적이며 어휘적인 일관성을 필요로 한다. 또한 화자는 대화상대자의 수준에 맞추어야 한다. 예를 들어, 문외한인 상대방에게 지나치게 전문적인 용어를 사용하는 것은 피해야 할 것이다.

Le principe d'intelligibilité

Tout énoncé doit être intelligible et nécessite donc une cohérence grammaticale et lexicale minimale. De plus, le locuteur doit se mettre à la hauteur de son interlocuteur (par exemple, éviter d'employer des termes trop spécialisés face à un interlocuteur non initié).

2.2.2. 관여성의 원칙

시기적절하게 말해야 한다. 즉, 대화에 참여하는 다양한 사람들의 발언들과 상황을 고려하여야 한다. 사실 이 규칙을 지키지 않으면 언어적 교환의 기본이 되는 일관성이 동요하게 된다. 대화상대자가 만약 화자의 가족구성원이라면, "내가 방금 말했던 것과 무슨 상관있니?"라는 식의 응수로 화자의 말에 관여성이 없다는 것을 지적할 것이다.

Le principe de pertinence

Il faut parler à propos, c'est-à-dire tenir compte de la situation et des paroles prononcées par les différents participants à la conversation. En effet, le non-respect de cette règle est une atteinte à la cohérence, base des échanges verbaux. L'interlocuteur, s'il est un de vos familiers, ne manquera pas de souligner le manque de pertinence de vos propos par une question telle que : *quel rapport avec ce que je viens de dire?*

2.2.3. 정보성의 원칙

모든 발화내용은 정보적이어야 한다. 쓸데없이 얘기하지 말아야 하는데, 다만 바람직한 대화를 만드는 규칙에 위반되는 지나치게 긴 침묵을 메우기 위해서 말하는 것은 예외이다.

모든 발화내용은 정보적이며 관여적인 것으로 간주되기 때문에, 문장의 의미(sens)가 정보적이지 않으면 상대방은 거기서 어떤 다른 의미(signification)를 발견하려 애쓴다.

예를 들어, 부인이 남편에게 "차가 오래되었어요"라고 말한다면, 이 사실을 이미 알고 있는 남편은 "나도 알고 있어"라고 답하거나, "응 그래, 차를 바꿔야겠지"라고 응답하거나, 또는 "우리는 돈이 없어"라고 대답한다. 대답을 풀이하면 다음과 같다.

첫 번째 대답은 화자가 정보성의 원칙을 지키지 않은 발화내용이라는 것을 질책하는 것이며,

두 번째 대답은 화자의 발화내용 '차가 낡았다'는 것에 대한 화용적 환언을 말한 경우이며,

마지막 대답은 '우리는 차를 바꿀 수가 없다'라는 묵시적 결론을 위한 논지이다.

Le principle d'informativité

Tout énoncé doit être informatif. Il ne faut pas parler pour ne rien dire, sauf pour meubler un silence trop long contrevenant aux règles d'une bonne conversation.

Comme tout énoncé est censé être informatif et pertinent, l'interlocuteur essaiera de découvrir une signification là où le sens de la phrase n'est pas informatif. Ainsi, si une femme dit à son mari : *la voiture est vieille*, l'interlocuteur, le sachant déjà, répondra soit : *je le sais* (condamnant par cet énoncé le non-respect du principe d'informativité), soit *oui, il faut la changer* (paraphrase pragmatique de *la voiture est vieille*) ou encore *On n'a pas d'argent* (argument en faveur de la conclusion implicite *On ne peut pas la changer*).

2.2.4. 흥미성의 원칙

발화내용은 정보적일 수 있더라도 대화상대자의 관심 밖일 수도 있다. 그런데 대화가 잘 이루어지려면 반드시 상대의 주목을 끌어야 하며 그를 사로잡아야 한다. 이런 점에서 다음의 예와 같은 표현이 나오게 된다: "당신은 나에게 무슨 일이 일어났는지 결코 알아 내지 못할 것이다". 이 말은 상대방의 흥미를 불러일으키기 위한 것이다.

이러한 황금규칙(régle d'or)은 작가들에 의해 이미 잘 알려져 있는 규칙이며, "captatio benevolentiae"(사람의 호의를 사로잡는 법)라고 명명하는 고대 수사법과 상응한다. 즉, 이 수법은 담화나 이야기를 하기 전에 청중이나 독자의 주의와 호의를 얻는 것을 중시한다.

일례로, 트리스탕에 관한 전설을 여러 번 번역했고, 다양한 중세어를 번안했던 조제프 베디에(Joseph Bédier)의 『트리스탕과 이죄의 이야기』(*Les Roman de Tristan et Iseut*)는 "성주들이여, 당신들은 사랑과 죽음에 관한 아름다운 이야기를 듣고 싶지 않나요?"라는 문장으로 시작한다. 이러한 수사학적 의문문은 이야기가 독자에게 관심이 가는지 가상적으로 묻기 위한 것이며, 동시에 이야기를 "아름답다"라고 규정하면서, 또한 이야기의 주제가 언제나 좋아할만한 '사랑'과 '죽음'이라는 점을 강조하면서 독자의 관심을 부추기려고 하는 것이다.

Le principe d'intérêt

L'énoncé peut être informatif mais ne pas intéresser l'interlocuteur. Or, pour que la conversation se passe au mieux, il faut impérativement capter l'attention de l'autre, le captiver. D'où des formules comme :

Vous ne devinerez jamais ce qui m'est arrivé, destinées à susciter l'intérêt de l'interlocuteur. Cette règle d'or est bien connue des auteurs et correspond au procédé rhétorique de l'Antiquité appelé *captatio benevolentiae* : avant tout discours ou récit, il importe de gagner l'attention et la bienveillance des auditeurs ou des lecteurs. Ainsi *Le Roman de Tristan et Iseut* par J. Bédier, qui reprend en les traduisant et les adaptant les divers écrits médiévaux de cette légende, commence par cette phrase : *Seigneurs, vous plaît-il d'entendre un beau conte d'amour et de mort?* Cette question rhétorique est destinée à demander fictivement au lecteur si l'histoire l'intéresse et en même temps à éveiller son intérêt en qualifiant le conte de *beau* et en précisant son thème : l'amour et la mort, sujets qui sont censés toujours plaire.

2.2.5. 유용성의 원칙

모든 정보는 샅샅이 조사한 것이어야 하며 동시에 유용해야 한다. 상대방에게 정보를 제대로 알려주지 않는 것은 지나치게 자세한 정보에 파묻혀버리게 하는 것과 마찬가지로 바람직하지 못하다.

Le principe d'exhaustivité et sa contrepartie : le principe d'utilité

Toute information doit être exhaustive mais en même temps être utile. Retenir l'information est aussi condamnable que submerger de détails son interlocuteur.

2.2.6. 진정성의 원칙

사람들은 말할 때마다 어떤 일이 사실인 것처럼 말한다. 그러나 진정성의 개념에는 정도의 차이가 있다. 이에 대한 증거로는 대화에 자주 나오는 "franchement"(솔직히 말해서), "sincèrement"(진심으로 말하자면) 등과 같은 발화행위의 부사들을 들 수 있다. 만약 솔직해야 한다는 것이 규칙에 포함되어 있었다면, 이러한 부사들은 쓸모없었을 것이다.

이러한 부사들은 여러 수준의 진정성이 있다는 것과 거짓말이 빈번하다는 것을 증명한다.

■ 첫째, 여러 수준의 진정성이 있다는 것에 대하여 살펴보자.

사회에서 진정성은 완곡어법(euphémisme)으로 둘러싸여 있다. 그 이유는 만약 그렇지 않다면, 몰리에르(Molière)의 『인간혐오자』(*Le Misanthrope*) 제1막 1장 73행~74행에서 필랭트(Philinte)가 한 말처럼, 지나치게 솔직한 것은 사회규칙에 위배될 지도 모른다.

> "Il est bien des endroits où la pleine franchise
> Deviendrait ridicule et serait peu permise."
> (여지가 없는 솔직함은 우스갯거리가 될 수 있고,
> 거의 허용되지 않는 그런 장소가 많다.)

형용사 "여지가 없는"(pleine)은 여러 수준의 솔직함이 존재한다는 것을 입증한다.

■ 둘째, 거짓말이 빈번하다는 것.

이미 살펴보았듯이, "franchement"(솔직히 말하자면)이나 "sans mentir"(거짓 없이)는 사람들이 항상 솔직한 것만은 아님을 드러내주고, 진정성을 표방하면서 어떤 결점을 메우려는 것처럼 보이는 화자의 발언에 신용을 떨어뜨리기까지 한다.

그 증거로서, 라 퐁텐느(La Fontaine)의 『까마귀와 여우』라는 우화에 나오는 여우가 한 유명한 말 "거짓 없이"(sans mentir)가 그 예이다. "거짓 없이"라는 말은 곧 "거짓말하다"(mensonger)와 등가이다. 또한, 상대방에게 진정성의 규칙을 준수하고 있는지 명시적으로 묻는 것은 바로 묻는 사람의 진정성도 의심하게 만든다.

Le principe de sincérité

Chaque fois que nous parlons, nous prétendons dire quelque chose de vrai. Mais la sincérité est une notion modulable. La preuve en est l'existence d'adverbes d'énonciation tels que *franchement*, *sincèrement*, fréquents dans une conversation. Si la sincérité était de règle, ils seraient inutiles. Ils témoignent de :

- l'existence de plusieurs niveaux de sincérité. La sincérité en société est enrobée dans des euphémismes, car sinon, elle contreviendrait aux règles sociales, comme le dit Philinte aux vers 73 et 74 (*Le Misanthrope* de Molière, acte I, scène 1) :

Il est bien des endroits où la pleine franchise
Deviendraient ridicule et serait peu permise

L'adjectif *pleine* atteste l'existence de différents degrés de franchise ;

- la fréquence du mensonge. Un *franchement* ou un *sans mentir* révèlent, comme nous l'avons vu, qu'on n'est pas toujours franc et vont jusqu'à discréditer les paroles du locuteur qui semble colmater une faille en affirmant sa sincérité. En témoigne le célèbre *Sans mentir* (mensonger) du renard dans la fable *Le Corbeau et le Renard* de Jean de La Fontaine. De même, demander explicitement à votre interlocuteur qu'il respecte la règle de la sincérité fait douter de votre propre sincérité.

톨스토이의 『전쟁과 평화』(제1권 5부 4장)의 한 대목은 이를 잘 묘사하고 있다.

> « [⋯] 나 [마리아 공주]는 그녀와 사이좋게 지내기를 바라고 있다. 당신은 그들을 오래 전부터 잘 알고 있으니, 가슴에 손을 얹고 내게 모든 진실을 말해 다오. 그 젊은 처녀는 어떤 처녀이며, 당신은 그 여자를 어떻게 생각하는가? 물론, 당신은 나에게 모든 진실을 말해야 하오. 왜냐하면, 당신도 이해하고 있지만, 앙드레 왕자가 내가 알고 싶어 하는 그의 부친의 의향과는 반대로 그가 그녀와 결혼한다면 그에게는 많은 위험이 있기 때문이지요⋯ »
> 막연한 본능이 피에르에게 다음과 같은 것을 경고하고 있다. 즉, 마리아 공주의 완곡한 표현들과 '모든 진실'을 말하라고 반복해서 요구하는 것은 새언니가 될 여자에 대하여 그녀가 호의가 없음을 감추고 있다는 것과, 피에르도 앙드레 왕자의 선택이 잘못되었다는 말을 마리아공주가 듣기를 원한다는 것이다. 그러나 그는 생각한 것보다는 오히려 그가 느낀 바를 말한다.

피에르는 마리아 공주가 표방하고 있는 것과는 달리, 그녀가 새언니가 될 나타샤와 잘 지낼 의향이 없다는 사실을 잘 알고 있으며, 또한 마리아 공주가 피에르로부터 진실(나타샤에 대한 칭송)이 아니라 나타샤에 대한 비판을 기대하고 있다는 것도 그는 완벽히 이해하고 있었다.

위의 6가지 원칙이 이상적인 대화에서는 지켜질 수 있겠지만, 실상은 끊임없이 위배된다. 다음 표현들이 이를 증명한다.

- "tu me l'as déjà dit"(그 얘기는 이미 했어)라는 표현은 정보성의 법칙을 준수하지 않은 것이며,
- "viens-en au fait"(자! 다시 본론으로 돌아갑시다)라는 표현은 유용성의 법칙을 어긴 것이며,
- "ça vient comme un cheveu sur la soupe"(스프에 머리카락이 빠진 것과 같이 격에 맞지 않음을 표현하는 말)는 관여성의 법칙을 지키지 않은 것에 대한 표현이다.

의사소통을 하는 것은 확실한 행위가 아니다. 왜냐하면 규칙들을 지키기가 어려우며, 또한 상대방에게 신중하게 처신해야할 뿐만 아니라 스스로에게도 신중해야 하기 때문이다. 이는 진정성의 원칙이 자주 위배되는 이유 중의 하나이다.

의사소통의 행위를 동물에 비유한다면 자신들의 영역을 지키고 있는 모습처럼, 개개인이 서로 대치하고 있는 것과 같다. 어떤 사람에게 말을 거는 것은 상대의 영역을 침범하는 것이기 때문에, 여기서 수많은 대화들의 교환에 앞서 관례적으로 양해를 구하는 말이 생긴 것이다. 특히 응답과 도움을 동시에 요청하는 질문을 던질 경우에는 특히 그러하다.

또한, 화자는 상대방의 눈에 자신을 더 가치 있게 만들려고 한다. 그러나 스스로에게 가치를 부여하는 것은 미묘한 행위여서, 지나치게 스스로 자신을 과시하는 사람은 오히려 스스로의 가치를 떨어뜨리게 된다.

따라서 상대방으로부터 인정받으려면, 스스로는 평가절하 해야 하며, 상대방을 인정해주어서 그도 역시 당신에게 똑같은 가치를 부여하도록 해야 한다. 그러나 지나치게 상대방의 가치를 올리거나 자신의 가치를 낮추는 것은 당신에게 오히려 불리할 수도 있다. 그러므로 가치를 부여하는 것과 가치를 낮추는 것 사이의 이러한 복잡한 관계를 적당히 배합할 줄 알아야만 한다.

맺 음 말

소크라테스에 의하면,
"세상은 인간을 경이로움 속으로 이끈다."
(Le monde se livre à l'homme dans l'étonnement.)

왜? 라는 질문을 아이는 끊임없이 하며, 아이의 계속되는 물음이 귀찮아져서 어머니는 결국 아이에게 더 이상 대답해주지 않게 되고, 아이 역시 마침내 어머니에게 더 이상 질문하지 않게 된다. 모든 것이 분명하게 될 터이고, 그렇게 되는 그 때에는 아이도 커서 성인이 될 것이다. 그렇지만 아무 것도 명백하지 않으며, 특히 우리에게 그렇게 보이는 것은 더군다나 그렇지 않을 수도 있다. 왜냐하면 자연적이며 익숙한 영역에 속해 있기 때문에 우리에게 다만 그렇게 보일 뿐이다. 그래서 모든 현상은 설명을 필요로 한다.

우리가 아이들에게 설명해 주는 대답은 다름 아닌 현실에 대하여 지칠 줄 모르게 의문을 던지며 연구했던 사람들과 발명가들이 이해했던 것으로 설명해주게 되는데, 그것들은 시대에 따라 달라지기도 한다. 코페르니쿠스는 예외이지만, 우리 모두는 지구가 평편하다고 잘못 알고 있었으며, 또 태양이 지구 주위를 돌고 있다고 믿고 있었다. 살구가 «맞붙은 두 스푼의 잼 덩어리»와 닮았다는 것은 이해하기 쉽고 또렷한 하나의 영상이지만, 일반인들은 흔히 "그것을 미처 생각하지 못했었다"(il fallait y penser)라고 말할 뿐이다.

설명되고 이해되었다고 해서 현상에 대한 매력이 중단되지는 않는다. 언어활동이 현실을 바꿀 수 있는 행위라고 인식할 때, 이것은 마법이 될 수도 있지 않을까?

우리들이 사용하고 있는 말들을 먼저 고찰하고 귀 기울이며 이것에 대해 의문을 가진다면 우리는 언어학자가 된다. 예를 들어, 요즘 흔히 하는 표현 중에 "어제 저녁에 나한테 일어난 일에 대해 네게 말해주지 않을 거야"라는 말에서, 이것이 사실은 어제 생긴 일에 대하여 얘기해 주려고 준비하는 것이고, 또한 이 말이 이야기하고 있는 행위 그 자체와 모순되는 것임을 간파할 수 있다. 이런 식으로 쓰이는 발화내용이 당신의 주의를 끈다면 당신은 이미 언어학으로 접근하고 있는 셈이다. 또 나아가서, 이런 발화내용이 왜 그와 같은 식으로 사용되는지 의문을 던지고, 그것을 설명하려고 시도한다면, 당신은 이미 언어학자로서의 연구행위를 하고 있는 것이다.

바로 이러한 측면에서 필자는 본서의 제목을 『언어학으로의 접근』(*Approches de la linguistique*)이라고 정했다. 물론 우리가 모든 학설을 총망라했다고는 할 수 없지만, 공존하거나 계승되는 여러 가지 이론들을 설명하고자 했으며, 또 언어학을 공부하고자 하는 모든 입문자들이 이 책을 읽을 수 있도록 가능한 쉽게 서술하였다.

그 밖에도 독자들에게 언어학에 대한 관심과 이에 접근하고자 하는 의욕과 제 것으로 만들고자 하는 욕구를 심어주고자 했다. 이 책의 연구 방법은 특히 질문을 제시하고 그 답을 구해 보는 방식이었다. 이러한 방법은 독자가 언어에 대하여 스스로 질문하는 법을 터득하도록 하기 위한 것이며, 아주 자연스럽게만 보이던 자신의 언어에 대하여 새로운 접근을 시도하는 것, 요컨대 경이로움을 가지도록 하기 위한 것이다.

참고문헌

더 자세히 망라된 참고목록은 Robert Martin & Evelyne Martin의 *Guide bibliographique de linguistique française*(『프랑스 언어학을 위한 참고목록 안내서』)(Klincksieck, 1973)을 참조할 것.

본서에 대한 보충 및 더 자세한 자료를 원한다면, 계간 발행지인 *L'information grammaticale*(『문법 정보』), 제8호, 제9호, 제10호, 제12호, 제13호, 제14호, 제15호(1981년 1월에서 1982년 10월까지)와, 서평 제55호 & 제58호(1992년 10월 & 1993년 6월호)를 참고할 것.

I. 음소에서 단어까지

■ 음소에 관한 책

JAKOBSON (Roman), *Six Leçons sur le son et le sens* (음성과 의미에 관한 여섯 강좌), Ed.de Minuit, 1976 : 러시아계의 미국인 언어학자인 야콥슨은 음운론에 대하여 연구하는 프라그학파에 속한다. 레비-스트로스의 서문이 들어있는 이 책에서 저자는 음소란 통합축(axe syntagmatique)과 연합축(axe paradigmatique)이라는 2가지 축을 갖는 언어학의 최소단위이며, 음소의 이차원적인 특징과 더 이상 쪼갤 수 없는 단위인 음소들의 변별자질들에 관하여 언급하였다.

MARTINET (André), *La Description phonologique* (음운기술론), Droz et Minard, 1956. : 제1~3장 (p.11-47)은 발음에 따른 여러 가지 음소의 분류와 음조(prosodie)의 역할에 대하여 다루고 있다.

GOUGENHEIM (Georges), *Eléments de phonologie française* (프랑스어 음운론 개설), Publications de la faculté des Lettres de l'Université de Strasbourg, 1935 : 이 책의 후반부는 음운형태론과 의미가 관련된 모음교체(alternances vocaliques) 또는 자음교체에 관하여 다루고 있다.

■ 언어기호에 관한 책

PLATON, *Cratyle* (크라틸루스), Garnier-Flammarion, 1967 : 대화에는 크라틸루스와 헤르모젠이 나오며, 소크라테스가 그들의 대화에 관여하는데, 크라틸루스는 시니피에(기호내용)와 시니피앙(기호표현)의 관계가 유연적이라고 주장하는 반면에, 헤라클리트의 제자인 헤르모젠은 시니피앙과 시니피에의 관계가 순수 규약적이라고 주장한다. 이때 소크라테스가 대화에 개입하여, 단어란 세상을 반영하는 게 아니라 인간이 마음에 그리고 있는 영상을 반영한다고 말한다. 당시에 내린 결론은 인식에 접근하기 위해서는 단어보다는 사고에 의거하는 편이 낫다고 하는 것이다. 언어활동에 대하여 숙고한 이 대화는 또한 '언어를 통해 사물의 내적 본질에 접근할 수 있을까?' 하는 인식에 대해서도 숙고한 것이다. 언어활동과 인지간의 밀접한 관계에 대한 연구는 시대에 뒤진 것이 아니라 최근의 다양한 연구들 중의 핵심적인 과제이다.

SAUSSURE (Ferdinand de), *Cours de linguistique générale* (일반 언어학 강의) (1915년 초판), Payot. : 최근 출판본을 참조하는 것이 바람직함. 특히 서론 부분을 읽어야 하는데, 서론에는 언어학과 음운론의 목적에 대하여 정의하고, "langue"와 "parole"을 구분하고 있다. 제1부 1장에서는 언어기호의 본질에 대하여 다루고 있다.

JAKOBSON (Roman), *Six Leçons sur le son et le sens* (음성과 의미에 관한 여섯 강좌), Ed.de Minuit, 1976. (앞에서도 인용했음) : 야콥

슨은 소쉬르가 피력했던 것과 같이, 시니피앙과 시니피에의 관계가 자의적일 뿐만 아니라 필연적임을 설명한다.

BÉCHADE (Hervé D.), *Phonétique et morphologie du français moderne et contemporain* (근대와 현대의 프랑스어 음성학과 형태론), P.U.F., 1992. :특히 조어법(여러 종류의 파생과 복합)에 대하여 다루고 있는 제2부 1장을 읽을 것.

■ 어휘의미론에 관한 책 : 단어의 의미에 대한 연구서

POTTIER (Bernard), *Linguistique générale* (일반 언어학), Klincksieck, 1974 : 언어기호에 대해 다루고 있는 "Langage et communication"(언어활동과 의사소통)이라는 장에서 저자는 의미소(sémantème = 특정소), 분류소(classème = 총칭소), 잠재소(virtuème = 내포소)를 구분하고 있다. 61쪽에서 91쪽까지는 의미분석에 대하여 논하고 있는데, 이 책에서 '살구'에 대하여 의미분석을 보인 것과 같은 방식으로, 여러 가지 수송수단들과 동물소리들에 관하여 연구하였다.

GREIMAS (Algirdas-Julien), *Sémantique structurale*, Larousse, 1966 : 비교적 복잡한 책으로, 여타의 기호론 분야 내에 의미론을 설정하고서, 의미 분석이 문학작품에서 어떻게 행해질 수 있는지를 보이는 책이다. (마지막 장은 Georges Bernanos의 연구가 할당되어 있다.)

GOUGENHEIM (Georges), *Les Mots français dans l'histoire et dans la vie* (역사와 삶 속에서의 프랑스어 단어들), Picard, 1966, 전 3권 : 단어들의 통시적인 변천에 대하여 주제별로 소개하고 있다. 예를 들어, 제5장은 인간의 활동에 관해 다루고 있는데, 이 책에서는 "travailler(일하다)"라는 동사의 역사적인 변천양상과 이 단어에 견줄만한 다른 단어들과 파생어들의 역사적인 변천양상에 대

하여 다루고 있다.

GUIRAUD (Pierre), *La Sémantique* (의미론), P.U.F. (Que sais-je?), 1955 : 특히 명사 "tête"의 의미변천에 대하여 설명한 것을 읽을 것 (p.39-41).

PICOCHE (Jacqueline), *Précis de lexicologie* française (프랑스어 어휘론 개요), Nathan, 1992. (1977년도 초판을 증보·개정한 것) : 다의관계와 동음이의관계의 문제를 다루고 있는 제4장의 하위 단락인 "시니피앙은 몇 개의 시니피에를~?"부분은 특히 흥미롭다.

FRANCKEL (Jean-Jacques), *Etude de quelques marqueurs aspectuels du français* (프랑스어의 몇 가지 상 표지에 관한 연구), Genève, Droz, 1989 : 아주 복잡하지만 지적인 자극을 불러일으키는 이 책에서 저자는 단어들이 어떻게 여러 가지 의미적 가치를 설명해 주는 유일한 하나의 기능을 갖고 있는가에 대하여 보여준다.
저자는 다의관계, 동음이의관계, 동의관계에 대한 관념을 부인하며, 특히 다의어란 표면적일 뿐으로 생각한다. 이 저서에 대한 서평으로 *Information grammaticale* (문법정보) 제52호(1992.1)를 참조할 것.

II. 단어에서 문장까지

■문장의 구조에 관한 책

TESNIÈRE (Lucien), *Eléments* de syntaxe structurale (구조통어론 개설), Klincksieck, 1959 : 지침 서적으로서, 의존관계도(stemmas)를 이용하여 문장을 소개하고 있는 것 이외에도, 저자는 언어의 여러 가지 단어들, 특히 '연속사'(jonctifs)'와 '전환사'(translatifs)에 대하여 고찰한다.

가장 흥미로운 부분은 동사의 '풀이항'(valence)과 '태'(diathèse)에 관해 다루고 있는 부분인데, 이때의 '태'(diathèse)는 사행에 대한 주체의 태도(attitude du sujet)를 말하며, '태'(voix)는 순수 문법적인 범주에 속한다. 저자는 동사 "faire"(~하게 하다)가 "tomber"(떨어지다)와 같은 자동사를 타동사로 만든다고 예를 들어 보이고 있다. 즉, "faire tomber"(떨어뜨리다, 넘어뜨리다)라는 우언법적 표현은 사역태(diathèse causative)를 갖는다.

NIQUE (Christian), *Initiation méthodique à la grammaire générative* (생성문법 기초), Armand Colin, 1974 : 아주 명료한 이 저서는 생성문법의 비전공자인 사람을 위해 쓰인 책이다.

▸ 미국인 언어학자 촘스키의 저서들을 읽을 수도 있다. 특히 *Le Langage et la Pensée* (언어와 사고)(Payot, 1970)라는 책을 읽을 수 있는데, 이 책은 언어학의 역사 속에 생성문법의 위치를 정립하고 있다.

MOLINO (Jean) & GARDES-TAMINE (Joëlle), *Introduction à l'analyse de la poés*ie (시 분석 입문), P.U.F., 1988, 전 2권 : p.153-159에서 난해성(hermétisme)과 동위성(isotopie) 간의 관계[1)]를 언급하고 있다.

RASTIER (François), *Sens et Textualité* (의미와 텍스트해석), Hachette, 1989.
이 책의 대부분은 동위성에 대하여 다루고 있으며, 제2부는 그것의 응용부이다.

■문장속의 단어에 관한 책

더 자세한 연구서를 보려면, 귀스타브 기욤(Gustave GUILLAUME)

역주1) 의미적 동위성이 부재할수록 발화내용은 더욱 난해해진다.

의 여러 저서를 참고하되, 다음 저서들을 읽으면서 그의 언어학에 접근하는 것이 바람직하다.

MOIGNET (Gérard), *Systématique de la langue française* (프랑스어 체계론), Klincksieck, 1981 : 두 부분으로 되어있다.

① 술어성(prédicativité)

② 비술어적 품사들(parties de langue non prédicative)

(기욤의 용어에서, 하나의 단어로 문장을 이룰 수 있는 경우를 가리켜 그 단어는 서술적[prédicatif]이라고 한다.)

▸ 접근하기에 복잡하지만 귀스타브 기욤의 이론은 학생들이 알아둘 만한 가치가 있다. 그 이유는 그의 이론이 언어현상들을 기술하기보다는 설명하고 있기 때문이다. 또한, 연구 수준이 어떠하든 간에 그의 이론을 문법 내에서 다루어 볼만하다.

SOUTET (Olivier), *La Syntaxe du français* (프랑스어 통어론), P.U.F. (Que sais-je?), 1989 : 기욤의 이론에 영향을 받은 아주 명료한 분석서.

III. 문장에서 발화내용까지

■의미와 의미작용에 관한 책

MARTIN (Robert), *Inférence, Antonymie et Paraphrase* (추론, 반의관계, 환언관계), Klincksieck, 1976 : 의미(sens), 의미작용(signification), 정보(information)라는 3가지 개념을 대조하고 있는 제2장의 둘째 부분(p.16-21)을 읽을 것.

MARTIN (Robert), *Pour une logique du sens* (의미의 논리를 위하여), P.U.F., 1983 : 저자는 진리의 상대성을 옹호하며, 사실이라고 믿

고 있는 영역, 이른바 '믿음영역'(univers de croyance)과 '가능세계'(mondes possibles)라는 개념을 도입하고 있다. 의미와 진리간의 관계에 대하여 고찰하고 있다.

▸ 로베르 마르탱(Robert Martin)의 저서들은 학생들을 당황하게 할 수 있다. 그 이유는 저자가 논리학의 기호들을 사용하기 때문이지만, 이 기호들은 엄격하고 명확한 예시일 뿐이다.

DUBOIS (Danièle) 감수, *Sémantique et cognition* (의미론과 인지), C.N.R.S. Editions, 1993 : 이 책은 원형과 전형이라는 개념을 중심으로 연구한 여러 논문들을 모은 것이다. 특히 Georges KLEIBER의 논문 "Prototype et prototypes : encore une affaire de famille"(원형과 원형들 : 어족에 관한 재고)와 R.MARTIN의 논문 "Typicité et sens des mots"(전형성과 단어의 의미)를 읽을 것. 이 두 편의 논문들은 알아둘 가치가 있으며 도움이 될 만한 것이다.

CORNULIER (Benoît de), *Effets de sens* (의미효과들), Ed. de Minuit, 1985 : 저자는 화용의미론적인 측면에서 의미와 의미효과들에 대하여 구분하고 있다.

■ 명시와 묵시에 관한 책

KERBRAT-ORECCHIONI (Catherine), *L'implicite* (묵시), Armand Colin, 1986 : 묵시의 문제에 대한 참고서. 특히 여러 종류의 묵시적인 내용들(전제와 함의)에 대하여 정의하고 있는 제2장을 읽을 것. 함의(sous-entendu)는 발화의 상황(contexte énonciatif)에 종속된 것인 반면, 전제(présupposé)는 발화영역에 의거하지 않는다고 저자는 명료하게 규정한다.

MARTIN (Robert), *Inférence, Antonymie et Paraphrase* (추론, 반의관계, 환언관계), Klincksieck, 1976. (앞에도 인용되었음) : 추론관계(전제와 논리적 귀결)에 대하여 다루고 있는 제2장을 전부 읽을 것.

MAIGUENEAU (Dominique), *Pragmatique pour le discours littéraire* (문학적 담화를 위한 화용론), Bordas, 1990 : 제4장은 전제와 함의에 대해서만 다루고 있다. 작가가 든 예들은 문학작품들에서 인용되었고 명료하게 설명되어있다. 또한 "car"(왜냐하면), "parce que"(~때문에), "puisque"(~때문에)를 비교 연구한 제3장도 읽을 것.

IV. 발화내용에서 발화행위까지

■연동소에 관한 책

BENVENISTE (Emile), *Problèmes de linguistique générale* (일반언어학 문제), Gallimard, 1966, 2권 : 발화행위에 관한 모든 것을 위한 중요 저서. 특히 제20장 "La nature des pronoms"(대명사의 본질) 읽을 것.

PERRET (Michèle), *L'Enonciation en grammaire du texte* (텍스트 문법에서의 발화행위), Nathan, coll. "128", 1994 : 이 책은 발화적 요소들에 대하여 명확히 다루고 있다. 연동소에 대하여 총망라한 연구서.

■발화행위의 부사에 관한 책.

NAEGELI-FRUTSCHI (U.H.), "Les Adverbes de phrase : leur définition et leur emploi en français contemporain" (문장부사 : 현대 프랑스어에서의 그 정의와 용법), 박사학위논문, 1987 : 이 논문은 많은 대학교에서 참고할 수 있는데, 문장부사와 발화행위 부사의 여러 가지 정의들을 명확히 제시하고 있다. 또한 저자는 몇 가지 기준과 시험을 통하여 문장부사들에 대한 나름대로의 정의를 제안하고 있다.

MARCHELLO-NIZIA (Christiane), *Dire le vrai : L'adverbe "si" en français médiéval* (참을 말하는 것 : 중세 프랑스어에서의 부사 "si"), Genève, Droz, 1985 : 고대 프랑스어에서의 "si"의 다양한 의미에 대하여 다룬 책. 저자는 이 단어에 진리개념과 발화행위의 개념들이 연결된 관계를 제시하고 있다.

CULIOLI (Antoine), *Valeurs modales et opérations énonciatives* (양태적 가치와 발화작용들), Le Français moderne(현대프랑스어), 46호, 1978, p.300-317 : 저자는 "bien"이 표식어(marqueur)일 수 있는 근본적인 작용들을 밝히려고 이 부사의 여러 가지 의미효과에 대하여 연구하였다.

◎ 다중성에 관한 책

DUCROT (Oswald), *Le Dire et le Dit* (말하기와 말해진 것), Ed. de Minuit, 1984 : "Esquisse d'une théorie polyphonique de l'énonciation"(발화행위의 다중성 이론에 대한 시고)의 마지막 장에서 저자는 여러 다른 발화수행자들(주체, 화자, 발화자)을 구분한다.

FREUD (Sigmund), *La Dénégation* (부정), trad. Le Coq-héron, 1982 : 억압이라는 개념을 통하여 다중성에 대하여 다룬 정신분석학적 접근서.

GENETTE (Gérard), *Figures III* (형성소 III), Le Seuil, 1972 : 문학텍스트에 접근하기 위한 참고서. 초점화에 관한 부분(p.206-223)과 "Voix"(발언)라는 제목의 마지막 장을 모두 읽을 것.

V. 발화행위에서 상호발화행위까지

■언어행위에 관한 책

AUSTINE (John-L.), *Quand dire c'est faire* (말하는 것은 행하는 것), Le Seuil, 1970 : 영국인 철학자인 John L. Austin은 수행성(performativité)이라는 개념에 관하여 강연 형식으로 소개하고 있다.

RÉCANATI (François), *Les Enoncés performatifs* (수행적 발화내용), Ed. de Minuit, 1981 : 수행성에 관해 명료하게 다루고 있다.

ANSCOMBRE (Jean-Claude) & DUCROT (Oswald), *L'Argumentation dans la langue* (언어에서의 논증), Philosophie et langage, Mardaga, 1983 : 특히 "même"에 관한 연구(p.57-67)를 읽을 것.
L'Argumentation (논증) (Colloque de Cerisy), Philosophie et langage, Mardaga, 1987 : Jean-Claude ANSCOMBRE의 논문 "Dynamique du sens et scalarité" (의미의 역동성과 계층) (p.123-146)을 읽을 것. 이 논문은 정보(information)와 논증(argumentation) 간의 관계에 대하여 다루고 있다.

■상호발화행위에 관한 책

KERBRAT-ORECCHIONI (Catherine), *Les Interactions verbales* (언어의 상호작용), Armand Colin, 1990, 제1권 : 저자는 대화(conversation)의 기능에 대해서 연구하였으며, 상호작용(interaction)이라는 개념에 대하여 검증하고 있다.

GRICE (H. Paul), *Logique et conversation* (논리와 대화), *Communications* (의사소통), 30호, Le Seuil, 1979 : 대화의 원칙들에 관한 참고서.

역자후기

이 책은 언어학의 다양한 이론들에 대하여 우리에게 계속 질문을 던지면서 우리도 모르게 슬그머니 언어학에 빠져들게끔 하고 쉽게 이해하게 해주는 묘한 마력을 가진 책이다. 비록 부피는 아주 크지 않지만, 작은 거인과도 같이, 이 책은 우리에게 언어학의 기본적인 개념들과 음소에서부터 대화법에 이르기까지의 현대언어학이론 전반에 걸친 다양한 연구분야에 관해서 일일이 고전명문의 용례를 들어 설명해주고 있다. 특히 본서는 서양의 고전문학에 박학다식한 원저자의 명철한 안목으로 언어학에 등장하는 수많은 전문용어들에 대한 정의와 그 쓰임새 등을 쉽고 정확하게 풀어주고 있다는 점에서 더욱 믿음이 가는 학술서이다.

언어학은 만학의 제왕이라고 한다. 인간이 인식하는 이 세상 모든 만물이 언어를 통해서 회자(膾炙)되고 정리되기 때문에, 언어가 가리키는 대상의 의미를 명확하게 파악하지 않고서는 그 어떠한 새로운 창조도 쉽사리 탄생되기 어렵지 않을까.

이러한 의미에서, 초심으로 되돌아가서 언어학에 관한 유익한 학술텍스트를 우리 글로 환언하여 펼쳐보았다. 이 책은 프랑스어학 전공자뿐만 아니라 다른 언어전공자 및 일반언어학 전공자에게도 추천하며, 또한 철학, 인문학, 사회학, 그리고 컴퓨터언어학 등에 종사하는 분들도 한번쯤 정독하여 언어학의 전문용어들을 이해하고 활용하는데 도움이 되었으면 한다.

번역이 자칫 반역(反譯)이 되기 쉬운 것처럼, 본 역서에도 오류가 없지 않을 것이다. 미흡한 점에 대해서는 아낌없는 지도를 바란다.

끝으로, 한국어 번역을 흔쾌히 동의해 주신 프랑스 아르망-콜랭 출판사와 한국어 출판을 맡아주신 신아사에 깊은 감사를 드린다.

옮긴이_허진

찾아보기

A

B

C

D

E

F

G

H

I

J

K

L

M

N

O

P

Q

R

S

T

U

V

지은이 _ Véronique Schott-Bourget (베로니크 스콧-부르제)

프랑스 대학교수자격시험 Agrégée de lettres modernes를 취득하고, 파리 소르본느 대학교에서 Chargée de cours를 역임했으며, 현재 Lycée Paul Doumer (Perreux-sur-Marne) 고등학교에서 정교사로 재직중이다.

옮긴이 _ 허진

프랑스 국립 리용대학교 언어학과 대학원에서 의미해석이론으로 프랑스어를 분석하여 언어학 박사학위를 취득하였다. 현재 경기대학교 초빙교수로 재직중이다.
저서로는 『매일 프랑스어 회화』(공저), 『매일 프랑스어 입문』(공저), 『대학 프랑스어 실용문법』(공저) 등이 있으며, 논문으로는 「서양문화 속에 나타나는 '용기'의 의미와 위상」, 「대학 교양 프랑스어 강좌의 실태 및 개선방안」, 「원문과 이중번역문 간의 메타몰포즈 고찰」 등이 있다.

프랑스어학의 이해

1판 1쇄 발행 _ 2011년 10월 20일
1판 2쇄 발행 _ 2015년 2월 28일

저 자 • 스콧-부르제
옮 긴 이 • 허진

발 행 인 • 정 현 걸
발 행 • 신 아 사
인 쇄 • 예지인쇄
출판등록 • 1956년 1월 5일 (제9-52호)
주 소 • 서울특별시 은평구 녹번동 28-36번지 2F
전 화 • 02) 382-6411 • 팩스 02) 382-6401
홈페이지 • www.shinasa.co.kr
E-MAIL • shinasa@chol.com

ISBN 978-89-8396-721-3 (93840)

정가 *12,000* 원